100 FAKTEN
TAYLOR SWIFT

Vorwort

Country-Prinzessin, Popikone, globaler Megastar – Taylor Swift hat im Musikbusiness bereits alles erreicht, was es zu erreichen gibt: 2024 gewann die Amerikanerin (als erste Person überhaupt) zum vierten Mal den begehrten Grammy für das Album des Jahres; sie ist Milliardärin und gehört damit zu den 2.781 Milliardär*innen der Welt. Ihre Singles und Alben stürmen zuverlässig die Charts. 2022 schrieb sie Chart-Geschichte, als sie die gesamte Top 10 der *Billboard Hot 100* belegte – mit zehn Songs ihres Albums *Midnights* inkl. *Anti-Hero* auf Platz 1. Weltweit liegen ihr ihre Fans, die Swifties, zu Füßen.

Als 34-Jährige blickt Taylor Swift nun mit der Eras-Tour auf ihr Lebenswerk zurück und feiert die „Ären" ihrer Karriere. Doch was hat es mit dem Phänomen Swift auf sich, was macht Taylor für ihre Fans so einzigartig? Einen Hinweis gibt sie im Dokumentarfilm *Miss Americana*: „Ich mache etwas durch, schreibe das Album darüber [...] und manchmal stimmt es mit dem überein, was [die Fans] gerade durchmachen, als würden sie mein Tagebuch lesen." Die Fans bekommen das Gefühl, gemeinsam mit ihr erwachsen geworden zu sein. Für jede Lebensphase hat sie den passenden Song geschrieben, der die Gefühle von Frauen und Mädchen ernst nimmt – und das in einer enormen musikalischen Bandbreite von Country über Pop und Elektro bis hin zu Folk. Durch Referenzen und Anspielungen, durch versteckte Easter Eggs und verschlüsselte Botschaften in ihren Songs und Musikvideos kreiert sie außerdem riesigen Interpretationsspielraum für ihre Fans, eine Welt, in der es endlos viel zu entdecken gibt.

Taylor Swift hat sich so eine Künstlerpersona geschaffen, die sehr authentisch wirkt; wie eine große Schwester, der man beim Zur-Frau-Werden zusehen konnte, deren Reise man weiterverfolgen möchte. In 100 Fakten versuchen wir, uns dem Popstar, der Songwriterin

INHALT

1	1989	6
2	Abercrombie & Fitch	7
3	All Too Well	9
4	Amsterdam	9
5	Angst	10
6	Anti-Hero	11
7	Armbänder	12
8	Big Machine Records	13
9	Blake Lively	14
10	Cats	15
11	Country	15
12	CSI	16
13	Deepfakes	16
14	Der Gesang der Flusskrebse	17
15	Dolly Parton	17
16	Ed Sheeran	18
17	Ehrendoktor	18
18	Ellbogen	18
19	Emily Dickinson	21
20	Eras-Tour	21
21	Essstörung	21
22	Familie	22
23	Fast Food	22
24	Feministin	24
25	Fifteen	24
26	Frisur	24

Impressum
Verlag:
HEEL Verlag GmbH
Pottscheidt 1
53639 Königswinter
Tel.: 02223 9230-0
Fax: 02223 9230-13
E-Mail: info@heel-verlag.de
www.heel-verlag.de

Herausgeber:
Franz-Christoph Heel

Autorin:
Julia Smith

Bildbearbeitung:
Fred Klöpfel

Gestaltung:
Christine Mertens

Herstellung:
Fred Klöpfel

Fotonachweis:
© Picture Alliance: NurPhoto (U1), ZUMAPRESS.com (U2), Devin Simmons/AdMedia (U4), dpa (4), dpa (5), ZUMAPRESS.com (6/7), ASSOCIATED PRESS (6), Evan Agostini/Invision/AP (8/9), Everett Collection (8), Chris Pizzello/Invision/AP (10/11), ZUMAPRESS.com (12/13), AP Photo (14/15), Frank Micelotta/Invision/AP (15), ASSOCIATED PRESS (16/17), AP Photo (17), newscom (18/19), ZUMAPRESS.com (20/21, U2), opale.photo (21), Evan Agostini/Invision/AP (22/23), Everett Collection (22), Geisler-Fotopress (24/45), AP Photo (24), Chris Pizzello/Invision/AP (26/27), AP Photo (27), ASSOCIATED PRESS (28/29), Devin Simmons/AdMedia (28), Chris Pizzello/Invision/AP (30/31), empics (32/33), AP Photo (34/35), dpa (36/37), ASSOCIATED PRESS (39), dpa/MAXPPP (40/41), abaca (40), AP Photo (42/43), Isabelle Ouvrard / SEPA.Media / (44/45), ASSOCIATED PRESS (46/47), empics (48/49), ASSOCIATED PRESS (50/51), ASSOCIATED PRESS (52/53), Newscom (54/55), ASSOCIATED PRESS (55), empics (56), ASSOCIATED PRESS (57), ASSOCIATED PRESS (58/59), abaca (60/61), empics (62/63), empics (64), ZUMAPRESS.com (66/67), Chris Pizzello/Invision/AP (68/69), ASSOCIATED PRESS (69), Sipa USA (70/71), ASSOCIATED PRESS (70/71), John Davisson/Invision/AP (72/73), ZUMAPRESS.com (76/77), ASSOCIATED PRESS (78/79), Chris Pizzello/Invision/AP (80/81), AP Images (82)
© IMAGO: Avalon.red (38), stock&people (65), USA TODAY Network (74/75)
© Adobe Stock: Hunman (4/5), RMedia (10/11, 34/35), arzaq (54/55), pengedarseni (70/71), venusvi (76/77)

Vertrieb:
DVM Der Medienvertrieb GmbH & Co. KG
Meßberg 1, 20086 Hamburg
Tel.: 040 30191800
www.dermedienvertrieb.de

Druck:
westermann DRUCK | pva
Georg-Westermann-Allee 66
38104 Braunschweig

Datenschutzerklärung:
ds.heel-verlag.de

Gerichtsstand:
Königswinter

ISSN: 2941-8372
ISBN 978-3-96664-885-1

Die Zeitschrift wurde nach bestem Wissen und Gewissen verfasst. Nachdruck nur mit Genehmigung des Verlages unter ausführlicher Quellenangabe gestattet. Gezeichnete Artikel decken sich nicht unbedingt mit der Meinung der Redaktion. Alle veröffentlichten Beiträge sind urheberrechtlich geschützt. Ohne Genehmigung des Verlages ist eine Verwertung strafbar. Dies gilt auch für die Vervielfältigung per Kopie, die Aufnahme in elektronische Datenbanken und die Vervielfältigung auf CD-ROM. Im Falle höherer Gewalt oder bei Störung des Arbeitsfriedens besteht kein Anspruch auf Lieferung oder Entschädigung.

27	Fünfter Track	26
28	Game of Thrones	26
29	Gerichtsprozess Mueller vs. Swift	27
30	Gitarre	28
31	Glückszahl 13	28
32	Grammys	29
33	Großmutter	30
34	Guinness Weltrekorde	30
35	Harry Styles	30
36	Heartstopper	33
37	Immobilien	33
38	Jack Antonoff	34
39	Jake Gyllenhaal	35
40	Joe Alwyn	36
41	„Kanye-Gate"	36
42	Karma	39
43	Katy Perry	39
44	Katzen	39
45	Kennedy-Familie	40
46	Klimasünderin	40
47	Kochen	42
48	Lana Del Rey	42
49	LGBTQ+	42
50	Love Story	44
51	Lucky You	44
52	Madame Tussauds	44
53	Maple Lattes	46
54	Miss Americana	47
55	Museum	47
56	MySpace	48
57	Narbe	48
58	Nashville	49
59	Nationalhymne	50
60	No, it's Becky	50
61	Our Song	51
62	Person of the Year	53
63	Plattenvertrag	53
64	Playlists	53
65	Politik	54
66	Post-Konzert-Amnesie	54
67	Quarantäne	55
68	Rebekah Harkness	57
69	Reiten	57
70	Romanautorin	57
71	Ronan	58
72	Seeigel	59
73	Selena Gomez	59
74	Serien	60
75	Shake It Off	60
76	Speak Now	60
77	Spenden	62
78	Spotify	62
79	Stifte	65
80	Stilikone	65
81	Swifties	66
82	Swift-Quake	66
83	Taylor's Versions	67
84	Teenage Love Triangle	67
85	The Lakes	68
86	The Story of Us	69
87	The Tortured Poets Department	70
88	TikTok vs. Universal Music	71
89	Tim McGraw	72
90	Travis Kelce	74
91	Uniseminar	75
92	Valentine's Day	76
93	Vermögen	77
94	Vorbilder	78
95	Vorname Taylor	78
96	Weihnachtsbaumplantage	79
97	White Supremacy? – Weit gefehlt!	80
98	Woman of the decade	81
99	You Need To Calm Down	81
100	Zähne	82

FAKT 1 — 1989

Am 13. Dezember 1989 kam Taylor Swift in Reading, Pennsylvania, zur Welt und *1989* ist auch der Titel ihres fünften Studioalbums aus dem Jahr 2014. In der Country-Musik hatte Taylor zu diesem Zeitpunkt bereits alles erreicht. Mit dem Blockbuster-Album *1989* legte sie ihr früheres Country-Image endgültig ab und wurde zum Mega-Popstar. Vor der offiziellen Veröffentlichung des Albums überraschte Taylor einige ihrer größten Fans mit einer „*1989* Secret Session – sie lud sie zu einer Party zu sich nach Hause ein, um ihnen das Album vorzuspielen, und backte sogar selbst Cookies! Die handverlesenen Gäste hatte sie selbst ausgesucht: „Ich habe sie im Internet gefunden. Ich bin ihnen auf Instagram, Tumblr usw. gefolgt und habe sie monatelang gestalkt!"

TAYLOR SWIFT BEI EINEM KONZERT IHRER 1989 WORLD TOUR IN TORONTO.

ABERCROMBIE & FITCH

Auf Taylors Fans ist Verlass. 2013 verkaufte das Bekleidungsunternehmen Abercrombie & Fitch ein T-Shirt mit dem Aufdruck „# more boyfriends than t.s." Die Anspielung auf das Liebesleben ihres Idols fanden die Swifties gar nicht lustig. Sie starteten eine Petition auf change.org gegen den Verkauf des T-Shirts, ein Fan rief auf YouTube dazu auf, das Unternehmen mit Telefonanrufen zu bombardieren. Mit Erfolg! Das T-Shirt wurde vom Markt genommen.

FAKT 2

ALL TOO WELL

FAKT 3

Der emotionale Song auf dem Album *Red* arbeitet behutsam eine vergangene Beziehung auf und beschreibt, wie die Erinnerung daran mit der Zeit erträglich wird. Dass er von ihrer Beziehung zum Schauspieler Jake Gyllenhaal handelt, hat Taylor offiziell nie bestätigt, doch die Gerüchte halten sich hartnäckig, und Fans fragen sich immer noch: Wo ist Taylors Schal, der in den Lyrics erwähnt wird? Der Song war für das Album von ursprünglich zehn Minuten auf fünfeinhalb Minuten gekürzt worden. Die Fans, die seit Jahren auf die Originalversion gewartet hatten, wurden 2021 belohnt, als der Song in voller Länge auf *Red (Taylor's Version)* erschien. *All Too Well (10 Minute Version)* stürmte die Charts und ist der längste Song, der es auf Platz 1 der Charts geschafft hat.

AMSTERDAM

FAKT 4

Taylor Swift wird überfahren – glücklicherweise nur im Film. In David O. Russells Film Noir *Amsterdam* (2022) spielt sie die Rolle der Liz Meekins, eine junge Frau, die im New York der 1930er-Jahre den verdächtigen Tod ihres Vaters untersuchen lassen will. Doch Liz weiß zu viel und wird vor ein Auto gestoßen, nach ca. 20 Minuten Filmspielzeit. Der kurze, aber eindrucksvolle Gastauftritt ganz in der Tradition klassischer Hitchcock-Blondinen wurde sofort zum TikTok-Meme, auch wenn der Sturz unter die Räder natürlich von einer Stuntfrau performt wurde.

FAKT 5

ANGST

Zwei schreckliche Ereignisse im Jahr 2017 haben Taylor nachhaltig geprägt: der Selbstmordanschlag in Manchester bei einem Konzert von Ariana Grande und der Massenmord in Las Vegas, bei dem ein Attentäter 58 Menschen während eines Country-Musik-Festivals tötete. Danach hatte sie panische Angst, auf Tour zu gehen, sie fürchtete um die Sicherheit ihrer Fans. Auch zu Hause hatte sie Angst vor Gewalt: „Es gibt genug Stalker, die versuchen, in mein Haus einzubrechen, da bereitet man sich irgendwie auf schlimme Dinge vor […]. Wir müssen mutig sein, um uns wirklich lebendig zu fühlen, und das bedeutet, wir dürfen uns nicht von unseren größten Ängsten beherrschen lassen."

ANTI-HERO

FAKT 6

Anti-Hero ist einer von Taylors Lieblingssongs. Hier zeigt sie eine verletzliche Seite von sich und thematisiert ihre Unsicherheiten und Ängste. Im Musikvideo, bei dem sie selbst Regie führte, visualisiert sie ihre „Albtraumszenarien und aufdringlichen Gedanken, die sich in Echtzeit abspielen". Im Refrain bekennt sie sich dazu, zu wissen, dass sie selbst das Problem ist. Der Song war die erfolgreichste Single des Albums *Midnights*, bescherte Taylor ihre neunte Nummer 1 in den *Billboard* Hot 100, war der meistverkaufte Song des Jahres 2022 und gewann bei den MTV VMAs 2023 den Preis „Song des Jahres".

TAYLOR SWIFT BEKOMMT DEN IHEART MUSIC AWARD „SONG OF THE YEAR" FÜR ANTI-HERO.

FAKT 7 — ARMBÄNDER

Mit einer Songzeile im Track *You're on Your Own, Kid* auf *Midnights* hat Taylor einen Trend ausgelöst: „Make the friendship bracelets, take the moment and taste it", heißt es da. Das Comeback der beliebten Freundschaftsbändchen war eingeläutet. Swifties bringen die selbstgemachten Armbänder mit zum Konzert, um sie untereinander zu tauschen. Gern werden Buchstaben-Perlen mit swiftbezogenen Messages in die Bänder eingearbeitet. Auch prominente Swifties wie Jennifer Garner und Jennifer Lawrence tauschen fleißig Freundschaftsbänder und präsentieren ihren Armschmuck bei Instagram und Co.

BIG MACHINE RECORDS

FAKT 8

Bei einem Auftritt im Bluebird Café in Nashville wurde die 15-jährige Taylor vom Talentmanager Scott Borchetta entdeckt. Er gründete gerade sein eigenes Label und sah in Taylor das Potenzial zum Star. 2005 unterschrieb sie einen Plattenvertrag für 13 Jahre, der Big Machine Records das Copyright an den Masteraufnahmen ihrer Alben sicherte. Als der Vertrag 2018 auslief, verkaufte Borchetta die Rechte an ihren ersten sechs Alben an Scooter Braun, laut Taylor ein „manipulativer Tyrann". Sie fühlte sich von Borchetta hintergangen: „Es ist schon ein groteskes Gefühl, an einem Tag seine Tochter zu sein – und am nächsten zu verstehen, dass ich nur seine preisgekrönte Milchkuh war, die er so lange mästete, bis er sie an den bestzahlenden Schlachthof verkaufen konnte."

FAKT 9

BLAKE LIVELY

Blake Lively und ihr Mann Ryan Reynolds gehören zu Taylors engstem Freundeskreis. Die Kinder des Hollywood-Paars haben kleine „Gastauftritte" in Taylors Songs: Am Anfang von *Gorgeous* auf dem Album *Reputation* hört man eine Kinderstimme „gorgeous!" rufen – das ist die Stimme von James Reynolds, der Tochter der beiden. Und in *Betty* auf *Folklore* hat Taylor drei Charaktere nach den Kindern ihrer Freunde benannt: James, Betty und Inez.

CATS

In der Verfilmung des Hit-Musicals *Cats* von Andrew Lloyd Webber aus dem Jahr 2019 spielt Taylor Bombalurina, eine glamouröse und verführerische Katze. In dieser Rolle gibt sie einen Song zum Besten, *Macavity*. Zusammen mit Webber schrieb sie außerdem den Song *Beautiful Ghosts* für den Film. Obwohl der Streifen an den Kinokassen floppte, lobten viele Kritiker Taylors Komposition. Sie selbst äußerte sich im Nachhinein distanziert über *Cats*: „Ich bin glücklich, dass ich ausgewählt wurde, um an diesem vollkommen schrägen Film mitarbeiten zu dürfen." Die meisten Zuschauer waren jedenfalls ziemlich verstört beim Anblick der singenden Katzenmenschen …

COUNTRY

Taylors Wurzeln liegen in der Country-Musik. Seit sie als Kind ein Album von LeAnn Rimes gehört hatte, galt ihre Liebe dieser Musik und sie verfolgte ehrgeizig ihr Ziel, Country-Musikerin zu werden. Angekommen in der Country-Metropole Nashville, sicherte sie sich als Teenager ihren ersten Plattendeal und veröffentlichte 2006 ihr Debütalbum *Taylor Swift*. Auch die nächsten Alben *Fearless* und *Speak Now* waren im Country-Pop angesiedelt. Mit 23 Jahren hatte Taylor in der Country-Musik bereits alles erreicht. Als Anerkennung verlieh die Country Music Association Taylor im Herbst 2013 den höchsten Preis: den Pinnacle Award.

FAKT 12 — CSI

2009 stand Taylor zum ersten Mal als Schauspielerin vor der Kamera. In der Serie *CSI: Vegas* spielte die 19-jährige Taylor in Staffel 9, Folge 16 („Motel zum Mord") Haley Jones, eine Jugendliche, die ermordet wird. Taylor Swift war damals schon ein Riesenfan der Serie und mit der Gastrolle wurde für sie ein Traum wahr. „Alle meine Freunde wissen, dass es mein Traum ist, in *CSI* zu sterben. Ich wollte schon immer eine der Figuren sein, von denen sie herausfinden müssen, was mit ihnen passiert ist", sagte sie damals begeistert.

FAKT 13 — DEEPFAKES

Im Januar 2024 verbreiteten sich auf der Plattform X mittels künstlicher Intelligenz gefälschte Bilder, auf denen Taylor Swift in pornografischen Posen zu sehen ist. Der Kurznachrichtendienst reagierte, in dem er die Suchfunktion für ihren Namen deaktivierte und zahlreiche Konten sperrte. Swifties fluteten das Netzwerk zudem mit echten Bildern von Taylor. In den USA beschäftigt sich inzwischen das Weiße Haus mit dem Fall, Politiker fordern eine schärfere Gesetzgebung. Frauen mit weniger Einfluss und Followern haben leider kaum eine Möglichkeit, in diesem Ausmaß gegen die Verbreitung von gefälschten Bildern im Internet vorzugehen.

FAKT 14

DER GESANG DER FLUSSKREBSE

Zum Soundtrack der Literaturverfilmung steuerte Taylor den Song *Carolina* bei. Die Geschichte des Mädchens Kya, das als Außenseiterin allein in der Wildnis aufwächst, spielt in den 1950er-Jahren in North Carolina. Swift und Produzent Aaron Dessner verwendeten für die Produktion nur Instrumente, die zur Handlungszeit des Filmes schon existierten. Die Vocals wurden in einem Durchlauf aufgenommen, so wie es zu der Zeit üblich war. Das Ergebnis ist eine atmosphärische Ballade mit Gänsehautfaktor.

TAYLOR SWIFT IN TOKYO, 2024

FAKT 15

DOLLY PARTON

Mit der Country-Legende Dolly Parton hat Taylor Swift etwas gemeinsam. Die beiden hatten zweimal einen Nummer-1-Hit mit demselben Song! Taylors Ballade *Love Story* erreichte 2008 Platz 1 der US *Billboard* Country Charts. Nachdem der Song 2021 für *Fearless (Taylor's Version)* neu aufgenommen worden war, landete er erneut auf Platz 1. Damit war Taylor erst die zweite Künstlerin, die es mit einem Original und einer Neuaufnahme desselben Songs auf Platz 1 geschafft hat – die erste war Dolly Parton mit *I Will Always Love You* 1974 und noch einmal 1982.

FAKT 16 — ED SHEERAN

Den britischen Sänger und Taylor verbindet eine enge Freundschaft. „Ich habe lange, lange, lange Gespräche mit Taylor über Dinge, weil ich das Gefühl habe, dass sie eine der wenigen Personen ist, die wirklich verstehen, wo ich stehe", sagte Sheeran 2023. Die beiden sind seit 2012 befreundet und arbeiten immer wieder zusammen: Ed sang mit Taylor *Everything Has Changed (Red)* und *End Game (Reputation)* im Duett. Parallel zur Neuaufnahme von *Everything Has Changed (Taylor's Version)* brachte Ed Sheeran 2022 *The Joker and the Queen* mit Taylor als Duett-Partnerin heraus. Im Musikvideo dazu spielen dieselben Darsteller mit wie in Taylors *Everything Has Changed* neun Jahre zuvor!

FAKT 17 — EHRENDOKTOR

Taylor Swift hat einen Doktortitel. Studieren musste sie dafür allerdings nicht. Im Mai 2022 verlieh ihr die New York University die Ehrendoktorwürde der Kunstwissenschaften. In der traditionellen Robe hielt Dr. h. c. Swift bei der Abschlussfeier der Hochschulabsolventen eine Rede und gab ihnen einige praktische Lebenstipps mit auf den Weg. Einen Ehrendoktortitel zu bekommen, hatte sie sich nach eigener Aussage schon länger gewünscht: „Weil Ed Sheeran auch einen hat und ich denke, dass er sich für was Besseres hält, weil ich keinen habe", hatte sie schon 2016 gescherzt.

FAKT 18 — ELLBOGEN

Während eines Video-Interviews mit *Vogue* demonstrierte Taylor auf die Frage, ob sie irgendwelche coolen oder skurrilen Talente habe, eine körperliche Besonderheit: Sie kann ihre Ellbogen überstrecken. „Okay, mir ist klar, dass das kein Talent ist, aber das ist das Einzige, was ich kann. Ich weiß, es ist komisch." Die überdurchschnittliche Gelenkigkeit ist sicher von Vorteil, wenn man so viel auf der Bühne steht wie Taylor.

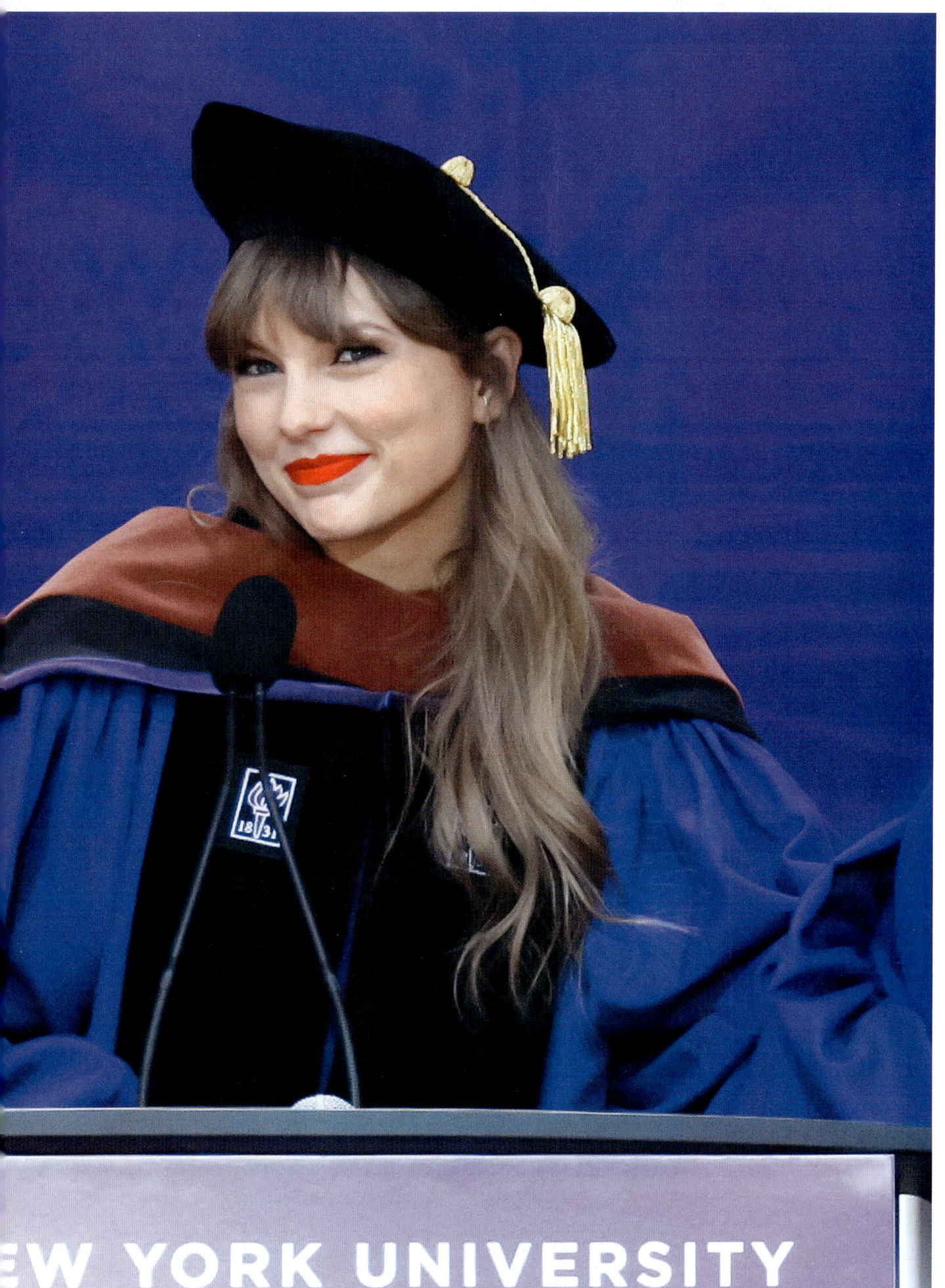

EMILY DICKINSON

FAKT 19

Taylor Swift ist SEHR entfernt verwandt mit der amerikanischen Dichterin Emily Dickinson (1830–1886). Das Ahnenforschungsunternehmen Ancestry hat herausgefunden, dass beide von einem englischen Einwanderer abstammen, der sich im 17. Jahrhundert in Connecticut niederließ. Dass Taylor sich von Emily Dickinsons Lyrik inspirieren lässt, ist Swifties schon lange klar, spätestens seit das Album *Evermore* am Geburtstag der Dichterin veröffentlicht wurde.

ERAS-TOUR

FAKT 20

Am 17. März 2023 startete Taylor Swifts gigantische *Eras*-Tour, eine „Reise durch alle musikalischen Ären meiner Karriere", wie sie selbst sagt. Dreieinhalb Stunden dauert die Show, gesungen werden 44 Songs in zehn Akten. Jeder Akt repräsentiert ein Album, eine „Ära" aus Taylors Schaffenszeit. Nur ihr Debütalbum *Taylor Swift* hat keine eigene „Welt", stattdessen gibt es einen Überraschungsteil, der bei jedem Konzert variiert. Während der Performance wechselt Taylor zwischen 13 bis 16 verschiedenen Outfits. Geplant sind 152 Konzerte bis Dezember 2024.

ESSSTÖRUNG

FAKT 21

In der Netflix-Doku *Miss Americana* spricht Taylor offen darüber, dass sie unter einer Essstörung gelitten hat. Es habe Zeiten gegeben, „in denen ich ein Bild von mir gesehen habe, wo ich das Gefühl hatte, dass mein Bauch zu dick war, oder jemand sagte, dass ich schwanger aussäh […] und das hat mich einfach dazu gebracht, ein bisschen zu hungern – einfach mit dem Essen aufzuhören." Sie kritisiert die Schönheitsideale, denen Frauen entsprechen sollen, hart: „Wenn du dünn genug bist, hast du nicht den Arsch, den alle wollen. Wenn du genug wiegst, um einen Arsch zu haben, ist dein Bauch nicht flach genug. Es ist verdammt noch mal nicht möglich." Inzwischen habe sie gelernt, „nicht jedes Gramm Körperfett zu hassen. Ich habe hart daran gearbeitet, mein Gehirn dahingehend umzustellen, dass ein bisschen mehr Gewicht Kurven, glänzenderes Haar und mehr Energie bedeutet."

FAKT 22 — FAMILIE

Taylor ist ein Familienmensch. In der Netflix-Doku *Miss Americana* zeigt sie ihre besonders enge Beziehung zu ihrer Mutter Andrea Gardner Finlay. Andrea begleitet ihre Tochter oft auf Tourneen und Taylor betont, dass sie mit ihrer Mutter alles besprechen kann. Vater Scott Kingsley Swift war Vermögensberater bei Merrill Lynch, was sicher hilfreich bei der Verwaltung von Taylors Millionen ist. Taylors Eltern haben sie von Beginn an in ihrer Karriere unterstützt: Sie hatten das Geld, um ihr Gitarren zu kaufen und Privatunterricht zu bezahlen, und als sie 14 Jahre alt war, siedelten sie auf ihren Wunsch sogar nach Nashville um. Andrea ist wiederholt an Krebs erkrankt, für sie schrieb Taylor die Songs *The Best Day* und *Soon You'll Get Better*. Ihr jüngerer Bruder Austin Swift ist Schauspieler und Produzent.

FAKT 23 — FAST FOOD

Wie andere Menschen auch überkommt Taylor gelegentlich das Bedürfnis nach einem ungesunden Snack und etwas „Comfort Food". Während sie unter der Woche nur leichte Mahlzeiten wie Salat, Joghurt und Sandwiches isst, darf es am Wochenende auch mal Fast Food sein. Ihre bevorzugte Bestellung am Drive-Thru-Schalter ist Cheeseburger, Pommes und Schoko-Milchshake. Auch Chocolate Chip Ice Cream steht dann gelegentlich auf dem Speiseplan. Am liebsten würde sie jeden Tag Chicken Tenders essen – wie während der Football-Spiele, wenn sie ihren Liebsten Travis Kelce anfeuert.

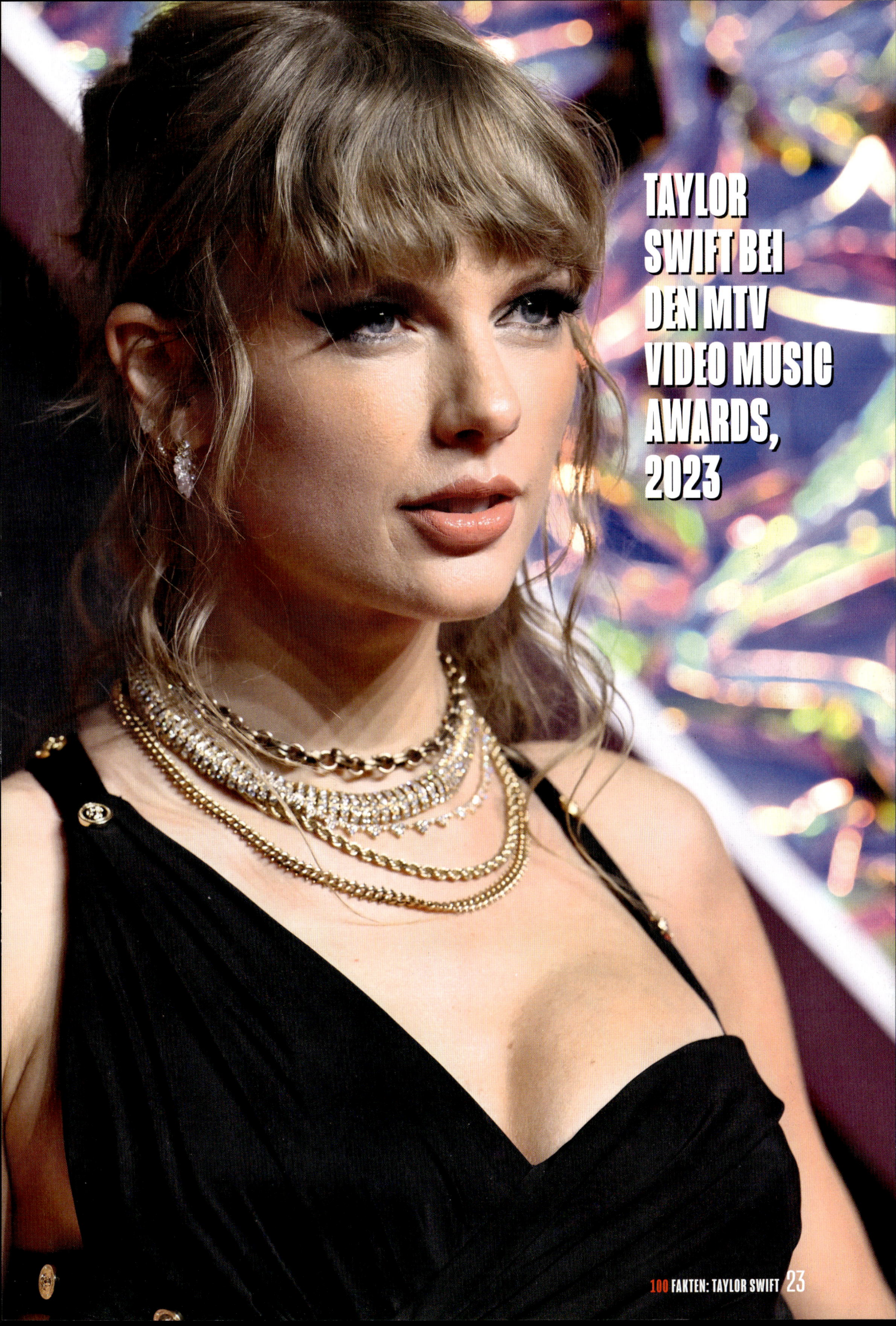

Taylor Swift bei den MTV Video Music Awards, 2023

FAKT 24 — FEMINISTIN

Seitdem sie selbst 2017 einen Prozess wegen sexueller Belästigung durchgefochten hat, tritt Taylor in der Öffentlichkeit vermehrt für weibliche Selbstermächtigung und Gleichberechtigung ein. Im selben Jahr wurde sie zusammen mit vier anderen Frauen, den „Silence Breakers", als „Person of the Year" auf dem Cover des *Time Magazine* abgebildet – allesamt Frauen, die sich gegen frauenfeindliches Verhalten zur Wehr gesetzt hatten. Im Song *The Man* prangert Taylor den Sexismus im Showbusiness an. Das Musikvideo zeigt auf sehr unterhaltsame Weise, wie ihr Leben aussehen könnte, wenn sie ein Mann wäre.

FAKT 25 — FIFTEEN

In dieser Country-Pop-Ballade singt Taylor über ihr erstes Jahr an der Senior Highschool. Im Song sitzt sie im Unterricht neben „einer Rothaarigen namens Abigail" – und mit ihr ist Taylor tatsächlich bis heute befreundet. Abigail Anderson, Taylors BFF aus Highschool-Zeiten, hatte ihr Einverständnis gegeben, dass der sehr persönliche Song auf dem Album *Fearless* veröffentlicht wird. Im Musikvideo spielt Abigail sich selbst. „Es ist ein sehr emotionaler Song für mich", sagt Taylor über die Aufnahme von *Fifteen*. „Ich bin zusammengebrochen, als ich den letzten Refrain gesungen habe, man hört an meiner Stimme, dass ich wirklich aufgewühlt war."

FAKT 26 — FRISUR

Taylors natürliche Haarfarbe ist Blond, über die Jahre hat sie mit verschiedenen Farbschattierungen von Platin- bis Rotblond experimentiert. Derzeit favorisiert sie ein glamouröses Aschblond. Am Anfang ihrer Karriere trat sie mit einer goldblonden Lockenmähne auf. Seit 2010 trägt sie ihren charakteristischen Pony, 2016 präsentierte sie mit einem kinnlangen Bob einen kantigeren Look. Privat trägt die Stilikone gern unkomplizierte Frisuren wie Pferdeschwanz oder einen geflochtenen Zopf.

FAKT 27 — FÜNFTER TRACK

Swifties wissen es: Der fünfte Track auf Taylors Alben ist stets ein besonders ehrlicher, emotionaler, verletzlicher und persönlicher Song. Nachdem Fans festgestellt hatten, dass die fünftplatzierten Lieder *Cold As You (Taylor Swift)*, *White Horse (Fearless)*, *Dear John (Speak Now)*, *All Too Well (Red)*, *All You Had To Do Was Stay (1989)* und *Delicate (Reputation)* alle Schlüsselsongs in Taylors Werk sind, kündigte sie *The Archer* von *Lover* explizit als Fortsetzung der „Track-5-Tradition" an. *My Tears Ricochet (Folklore)*, *Tolerate It (Evermore)*, *You're On Your Own, Kid (Midnights)* und *So Long, London (The Tortured Poets Department)* führten die Tradition fort.

FAKT 28 — GAME OF THRONES

Das Fantasy-Epos ist eine von Taylors Lieblingsserien. Sie bingte *GoT* während der Entstehung von *Reputation* und einige Inspirationen sind in das Album eingeflossen. „*Look What You Made Me Do* ist eigentlich Arya Starks Todesliste", verriet sie. *I Did Something Bad* schrieb sie, nachdem Arya und Sansa das Mordkomplott an Kleinfinger geschmiedet hatten. „Diese Songs basieren zum Teil auf dem, was ich durchgemacht habe, aber gesehen durch eine *Game-of-Thrones*-Brille", sagte sie über *Reputation* in einem Interview.

GERICHTSPROZESS MUELLER VS. SWIFT

FAKT 29

2017 gewann Taylor Swift einen Prozess gegen David Mueller. Der Radio-DJ hatte ihr während eines Fototermins 2013 an den Po gegrapscht. Swifts Management beschwerte sich daraufhin bei Muellers Arbeitgeber, er verlor seinen Job. Nun reichte Mueller eine Klage gegen Swift auf Schadensersatz in Millionenhöhe ein – sie wehrte sich mit einer Gegenklage wegen sexueller Belästigung und forderte eine symbolische Entschädigung von einem Dollar. Das Gericht entschied einstimmig für Taylor Swift. Mit ihrer Klage wollte Taylor anderen Frauen Mut machen: „Mir ist bewusst, dass ich im Leben, in der Gesellschaft und weil es mir möglich ist, die enormen Kosten meiner Verteidigung in einem Prozess wie diesem zu tragen, privilegiert bin. Ich hoffe, meine Stimme hilft denen, die auch gehört werden sollten."

FAKT 30

GITARRE

Weihnachten 1997 bekam Taylor ihre erste Gitarre. Ernsthaft zu spielen begann sie im Alter von 12 Jahren. Damals sah sie eine 12-saitige Gitarre, die sie cool fand, und bat ihre Eltern, sie ihr zu kaufen. Mama Andrea erinnert sich: „Natürlich haben wir sofort gesagt: ‚Oh nein, bestimmt nicht, deine Finger sind zu klein. Eine 12-saitige Gitarre kannst du erst spielen, wenn du viel älter bist.' Okay, und das war es dann. Sag zu Taylor niemals ‚nein' oder ‚das kannst du nicht'. Sie fing an, vier Stunden am Tag darauf zu üben – sechs am Wochenende. […] Sie spielte nur dieses Instrument, bis sie ein paar Jahre später zum ersten Mal eine 6-saitige Gitarre in die Hand nahm. Und dann dachte sie: ‚Wow, das ist wirklich einfach!'"

FAKT 31

GLÜCKSZAHL 13

Die 13 ist Taylors Glückszahl. Viele ihrer Fans malen sich die Zahl bei einem Konzert auf die Hand. In einem Interview mit MTV im Jahr 2009 sagte sie: „Ich wurde am 13. geboren. Ich wurde am Freitag, dem 13., 13 Jahre alt. Mein erstes Album bekam Gold nach 13 Wochen. Mein erster Nr.-1-Hit hatte ein Intro von 13 Sekunden. Jedes Mal, wenn ich einen Preis gewonnen habe, saß ich entweder auf Platz 13, in der 13. Reihe, in Block 13 oder in Reihe M, dem 13. Buchstaben. Also immer, wenn die 13 in meinem Leben auftaucht, passiert etwas Gutes."

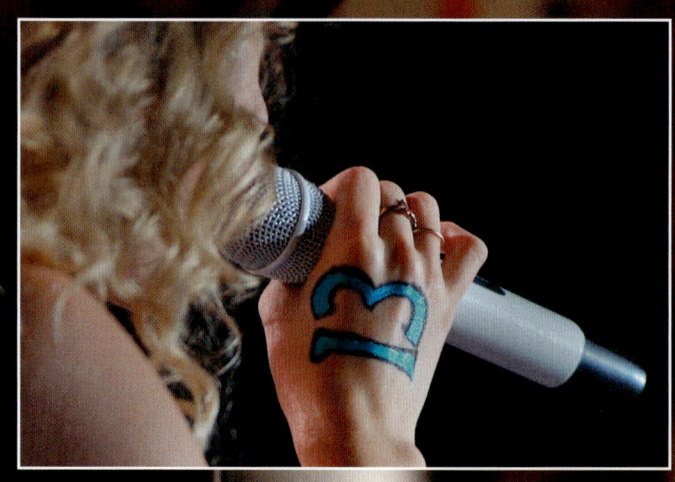

BEI DEN COUNTRY MUSIC AWARDS IN NASHVILLE, 2009

GRAMMYS

FAKT 32

Taylor Swift hat geschafft, was noch nie zuvor ein Musiker oder eine Musikerin vor ihr erreicht hat: Sie gewann den begehrten Grammy in der Königskategorie „Album of The Year" vier Mal. 2010 für *Fearless*, 2016 für *1989*, 2021 für *Folklore* und 2024 für *Midnights*. Damit hat sie Frank Sinatra, Stevie Wonder und Paul Simon überholt, die den Award „nur" drei Mal gewannen. Bisher konnte sie in ihrer Karriere die Grammy-Trophäe 14 Mal mit nach Hause nehmen.

FAKT 33

GROSSMUTTER

Taylors Gesangstalent kommt nicht von ungefähr. Ihre Großmutter mütterlicherseits, Marjorie Finlay, war eine berühmte Opernsängerin und ein Fernsehstar. Sie hatte ihre eigene TV-Show in Puerto Rico, wo sie mit ihrem Mann Robert lebte. Oma Marjorie inspirierte Taylor und ermutigte sie, Musikerin zu werden. 2003 ist sie gestorben. Der Song *Marjorie* (auf dem Album *Evermore*) ist eine Hommage an Taylors Großmutter, Marjories Stimme ist im Hintergrund zu hören.

FAKT 34

GUINNESS WELTREKORDE

Über 100 Guinness Weltrekorde hat Taylor Swift bis Dezember 2023 aufgestellt. Einige davon hat sie selbst gebrochen, wie z. B. die meisten gewonnenen American Music Awards (40 Stück). Unter anderem hält sie derzeit folgende Rekorde: die meisten US Nr. 1 Alben einer Künstlerin, meistgestreamte Künstlerin auf Spotify, die meisten Alben zur gleichen Zeit in den *Billboard* 200 Charts, längster Song auf Nr. 1 der *Billboard* Hot 100 (*All Too Well*) und jüngste Gewinnerin des Brit Global Icon Awards.

FAKT 35

HARRY STYLES

Den vier Jahre jüngeren Popstar, damals noch Mitglied von One Direction, datete Taylor für ca. drei Monate. Das Paar mit dem Spitznamen „Haylor" war von Ende 2012 bis Anfang 2013 zusammen. Die Presse verfolgte die beiden auf Schritt und Tritt und die Beziehung ging schnell in die Brüche. Bei mehreren Songs wird ein Zusammenhang mit Taylors Ex Harry Styles vermutet – darunter *Style* und *Out of the Woods*. Im Musikvideo zu *Style* trägt Taylor eine Kette mit einem silbernen Papierflieger-Anhänger, und auch im Text zu *Out of the Woods* verstecken sich Anspielungen auf die Halskette, mit der Harry Styles während ihrer Beziehung gesehen wurde.

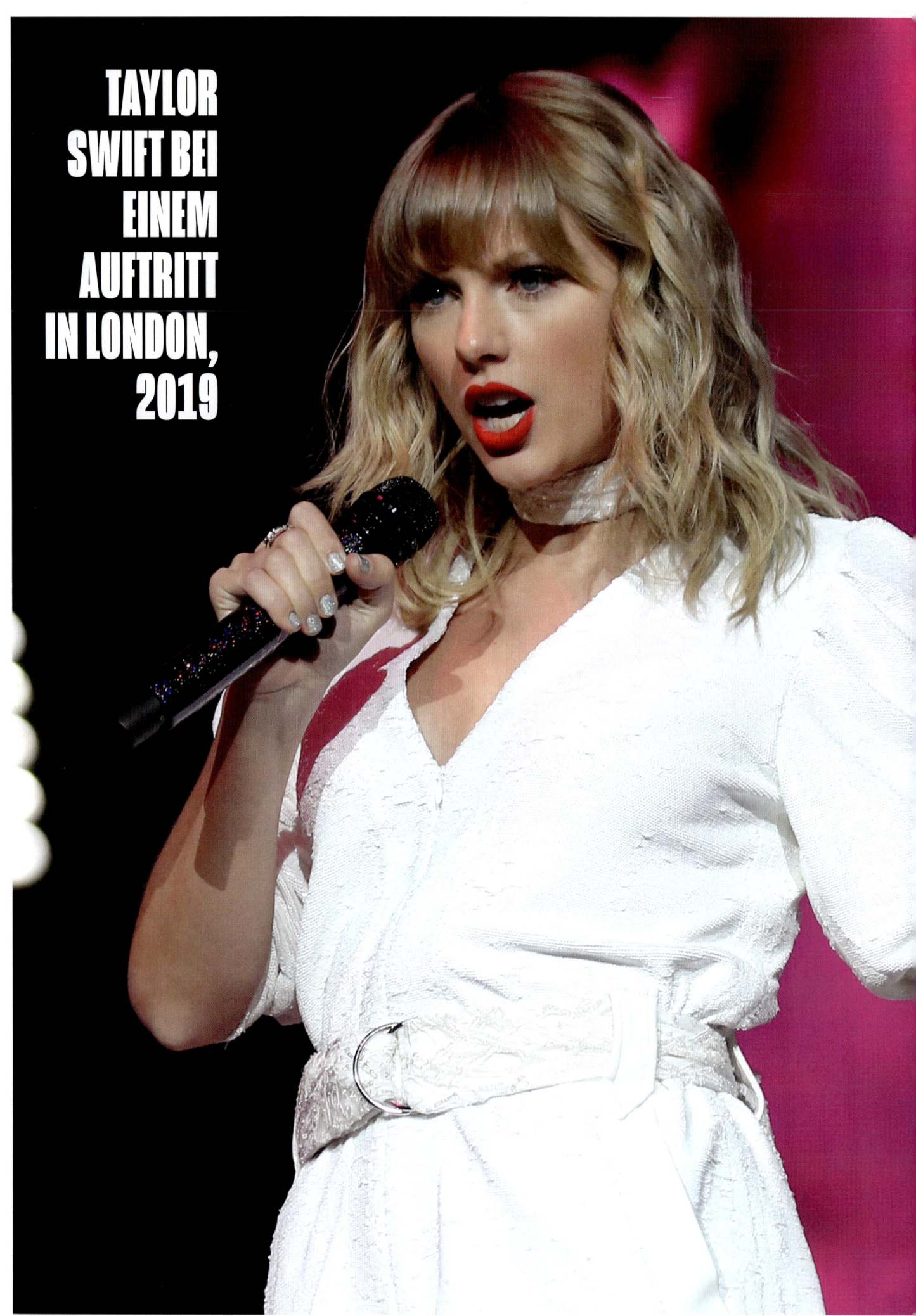

TAYLOR SWIFT BEI EINEM AUFTRITT IN LONDON, 2019

FAKT 36

HEARTSTOPPER

Taylors Song *Seven* vom Album *Folklore* ist der Soundtrack für eine der schönsten Liebesszenen in der Netflix-Serie *Heartstopper*. In der Verfilmung von Alice Osemans LGBTQ+ Graphic Novel gibt es im Finale der 2. Staffel eine besonders emotionale Szene, in der das Pärchen Darcy und Tara zum ersten Mal „Ich liebe dich" zueinander sagt. Endlich hat Darcy sich ihrer Freundin anvertraut und von dem schwierigen Verhältnis zu ihrer Mutter erzählt. Taylor war so ergriffen von der Szene, dass sie ihre Musik dem *Heartstopper*-Team ohne horrende Tantiemen zur Verfügung stellte. Der Song handelt von einem siebenjährigen Mädchen, das versucht, eine traurige, misshandelte Freundin zu trösten.

FAKT 37

IMMOBILIEN

New York oder doch lieber Beverly Hills? Taylor hat die Qual der Wahl, denn sie nennt mehrere Häuser und Apartments ihr Eigentum. In Nashville liegen ihre Wurzeln, dort besitzt sie ein Penthouse in der Luxuswohnanlage „Adelicia" und eine Villa im Vorort Forest Hills. In Beverly Hills kaufte sie 2015 das ehemalige Anwesen des Filmproduzenten Samuel Goldwyn. Auch in New York hat sie eine Bleibe; von *Herr-der-Ringe*-Regisseur Peter Jackson kaufte sie 2014 zwei benachbarte Penthouses im hippen Stadtteil Tribeca und ließ sie zusammenlegen. Das Domizil hat zehn Schlafzimmer und zehn Badezimmer, drei Jahre später kam noch das Stadthaus nebenan und ein weiteres Loft hinzu. Und dann wäre da noch das „Ferienhaus" auf Rhode Island direkt an der Küste mit sieben Schlafzimmern.

FAKT 38

JACK ANTONOFF

Dass Taylor Swift bereits vier Mal den Grammy für das beste Album abräumte, hat sie nicht zuletzt ihm zu verdanken: Jack Antonoff. Mit dem Sänger, Songwriter und Produzenten ist Swift schon befreundet, seit er mit Lena Dunham liiert war. Swift und Antonoff arbeiten seit dem Album *1989* zusammen und Antonoff war maßgeblich als Co-Autor und -Produzent an der Entstehung der Alben *Reputation, Lover, Folklore, Evermore, Midnights* und den *Taylor's Versions* beteiligt. „Musik wird am besten, wenn sie von einer kleinen Gruppe von Leuten gemacht wird, die sich gut kennen und gegenseitig vertrauen", sagt Antonoff. Die Zusammenarbeit des Pop-Traumduos dürfte ein Grund für Taylors überragenden Erfolg sein.

JAKE GYLLENHAAL

Taylor und der neun Jahre ältere Schauspieler waren 2010 ein Paar. Obwohl die Beziehung nur drei Monate dauerte, schien sie für Swift eine prägende Erfahrung gewesen zu sein. Sie endete im Dezember 2010. Damals feierte Taylor ihren 21. Geburtstag (in den USA der Beginn der Volljährigkeit) – ohne Gyllenhaal. Zwar bestätigt Taylor nie offiziell, welche Personen ihre Songs inspirieren, doch man kann davon ausgehen, dass *The Moment I Knew* und *All Too Well* auf diese Romanze anspielen.

FAKT 39

FAKT 40

JOE ALWYN

Der britische Schauspieler war sechs Jahre Taylor Swifts Partner und damit ihre längste Beziehung. Von 2017 bis 2023 waren die beiden ein Paar, von Anfang an hielten sie ihre Beziehung weitestgehend privat. Während der Coronapandemie verbrachten sie den Lockdown zusammen. Alwyn ist Co-Autor einiger Songs auf den Alben *Folklore* und *Evermore* (unter dem Pseudonym William Bowery), die zu dieser Zeit entstanden. Joe soll die Inspiration für *Gorgeous, London Boy* und viele andere Songs gewesen sein.

FAKT 41

„KANYE-GATE"

Der Rapper Kanye West und Taylor hatten in der Vergangenheit mehrere Auseinandersetzungen. Der erste Skandal ereignete sich während der MTV Video Music Awards 2009. Taylor hatte den Preis in der Kategorie „Best Female Video" für ihren Song *You Belong With Me* gewonnen. Sie setzte gerade zu ihrer Dankesrede an, als plötzlich Kanye West die Bühne stürmte und ihr das Mikro entriss: „Hey, Taylor, ich freue mich echt für dich, ich lass dich gleich weiterreden, aber Beyoncé hat das beste Video aller Zeiten gemacht!" Völlig perplex verließ die 19-Jährige die Bühne, ohne ein weiteres Wort zu sagen. Obwohl Beyoncé Taylor später zu sich auf die Bühne bat, damit sie ihre Rede beenden konnte, hat dieses Ereignis sie stark belastet. Im Februar 2016 kam es zum nächsten Eklat zwischen Kanye West und Taylor Swift. Kanye rappt in seinem Song *Famous:* „I made that bitch famous" – angeblich hatte er Taylors Einverständnis eingeholt, was sie allerdings abstritt.

KARMA

FAKT 42

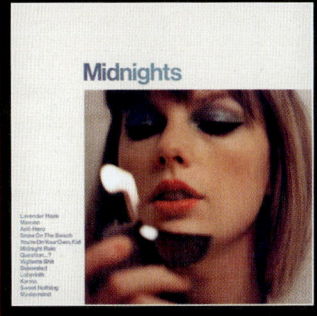

Zugegebenermaßen weniger Fakt und mehr Verschwörungstheorie: Swifties vermuten, dass es ein unveröffentlichtes Album mit dem Titel *Karma* gibt. Bis *1989* im Jahr 2014 hatte Taylor pünktlich alle zwei Jahre ein neues Album herausgebracht. Demnach rechneten Fans 2016 mit Album Nummer 6. Doch das sechste Album *Reputation* erschien 2017. Diverse Äußerungen Taylors interpretierten Fans im Nachhinein so, dass ein Album namens *Karma* wegen ihres Disputs mit Kanye West 2016 auf Eis gelegt worden sei. Im Video zu *The Man* ist ein Graffiti mit den verschiedenen Albumtiteln und dem Wort „Karma" zu sehen. Als Taylor 2022 auf TikTok die Titel der *Midnights*-Tracks ankündigte, war die Aufregung groß: Track 11 – *Karma*!

KATY PERRY

FAKT 43

Mit Katy Perry hatte Taylor ihre Ups and Downs. Die Sängerinnen waren seit 2008 befreundet, als beide am Anfang ihrer Karriere standen. 2012 begann Katy, Taylors Ex-Freund John Mayer zu daten, und 2013 war das freundschaftliche Verhältnis der Popstars merklich abgekühlt, nachdem einige Tänzer*innen aus Swifts *Red*-Tour zu Perrys *Prism*-Tour wechselten. Eine fünf Jahre dauernde Fehde folgte. Dass der Song *Bad Blood* von Katy Perry handelt, hat Taylor jedoch offiziell nie bestätigt. Inzwischen haben sich die Wogen geglättet: Im Video zu *You Need To Calm Down* herzen sich Katy und Taylor im Burger- und Pommes-Kostüm.

KATZEN

FAKT 44

Es ist kein Geheimnis, dass Taylor ein großer Katzenfan ist. Sie besitzt drei Katzen, die alle nach Serien- oder Filmcharakteren benannt sind: Olivia Benson (aus *Law & Order*), Meredith Grey (aus *Grey's Anatomy*) und Benjamin Button (nach der Literaturverfilmung mit Brad Pitt). Das Kätzchen Benjamin wirkte beim Videodreh zur Single *Me!* mit, und Taylor war so begeistert von ihm, dass sie ihn „adoptierte". Die Katzen sind regelmäßig auf ihren Social-Media-Seiten zu sehen und haben eine eigene Fangemeinde.

FAKT 45 — KENNEDY-FAMILIE

Taylor ist fasziniert von den Kennedys. Ihr Song *Starlight* ist von einem alten Foto von Ethel und Robert Kennedy als Teenager bei einem Tanzabend in den 1940er-Jahren inspiriert. Robert war Senator und wurde wie sein Bruder, Präsident John F. Kennedy, ermordet. Taylor bewundert vor allem Ethel, die Menschenrechtsaktivistin und elffache Mutter ist. 2012 hatte Taylor eine kurze Romanze mit Conor Kennedy, Ethels Enkel. Mit ihm zusammen crashte sie die Hochzeit seiner Cousine, zu der sie nicht eingeladen waren. Sie wurden aufgefordert, zu gehen.

PRÄSIDENT BARACK OBAMA VERLEIHT ETHEL KENNEDY DIE MEDAL OF FREEDOM.

FAKT 46 — KLIMASÜNDERIN

Mit ihrem Privatjet richtet Taylor Swift an einem Tag mehr Klimaschaden an als ein Durchschnittsdeutscher in sieben Monaten. Um ihrem Freund, Footballer Travis Kelce, beim Super Bowl die Daumen drücken zu können, jettete sie im Februar 2024 von Tokio nach Las Vegas. Jack Sweeney, ein Informatikstudent aus Florida, trackt regelmäßig Flüge der Superreichen und analysierte, dass allein dieser Flug 6889 kg CO_2 ausgestoßen hat – eine Person in Deutschland verbraucht in einem ganzen Jahr ca. 11.200 kg. Auch um von einem Ende der Stadt ans andere zu kommen, nimmt Taylor gern mal das Flugzeug: 13 Minuten dauerte ein Flug quer über St. Louis Anfang 2024.

FAKT 47

KOCHEN

Taylor hat drei Lieblingsrezepte, auf die sie gern bei Dinnerpartys zurückgreift: Ina Gartens Fleischklößchen mit Spaghetti, Nigella Lawsons Mughlai-Hähnchen und Jamie Olivers Hähnchen-Fajitas mit Mole-Soße. Sie backt auch gern Kürbisbrot oder ihre legendären Chai Sugar Cookies. Ihr handgeschriebenes Rezept für diese Kekse wurde 2019 übrigens für 4189 Dollar versteigert.

FAKT 48

LANA DEL REY

Taylor ist ein großer Fan ihrer Kollegin und Freundin. „Lana Del Rey zählt meiner Meinung nach zu den besten Musikern aller Zeiten", sagte sie 2022, als ihr gemeinsamer Song *Snow On The Beach* auf *Midnights* veröffentlicht wurde. „Die Tatsache, dass ich zur gleichen Zeit wie sie existieren darf, ist eine Ehre und ein Privileg. Und die Tatsache, dass sie so großzügig war, mit uns an diesem Song zusammenzuarbeiten, ist etwas, wofür ich mein Leben lang dankbar sein werde. Ich liebe sie total."

FAKT 49

LGBTQ+

Taylor unterstützt die LGBTQ+-Community und fordert die Stärkung ihrer Rechte. Als sie sich 2018 im Wahlkampf der Midterm Elections äußerte, betonte sie, dass „jegliche Diskriminierung aufgrund der sexuellen Orientierung oder des Geschlechtes falsch ist." Beim Chicago-Konzert der *Eras*-Tour 2023 wandte sie sich zum Beginn des Pride Month Juni an ihre LGBTQ+-Fans: „Dies ist ein sicherer Ort für euch, dies ist ein Ort zum Feiern für euch! Ich wünschte, jeder Ort wäre sicher und wundervoll für Menschen in der LGBTQ+-Community." Dann rief sie dazu auf, bei Wahlen für Politiker zu stimmen, die sich für LGBTQ+-Rechte einsetzen.

FAKT 50

LOVE STORY

Den Song *Love Story* schrieb Taylor innerhalb von 20 Minuten in ihrem Zimmer. Ihre Mutter Andrea erzählte: „Sie war 17 Jahre alt, und ihr Dad und ich waren aus gutem Grund mit einem bestimmten jungen Mann nicht einverstanden. Sie war sauer, richtig sauer. Sie ging auf ihr Zimmer, machte die Tür zu und kam nach weniger als einer Stunde mit einem Lied namens *Love Story* raus." Es war der erste Country-Song, der die *Billboard*-Top-40-Charts für Popmusik anführte. Die Neuinterpretation des Shakespeare-Stücks *Romeo und Julia* erzählt in drei Minuten eine zeitlose Liebesgeschichte – ein Swift-Klassiker!

FAKT 51

LUCKY YOU

Taylors erster Song heißt *Lucky You*. Nachdem ihr ein Computerfachmann die ersten Gitarrenakkorde beigebracht hatte, schrieb sie im Alter von zwölf Jahren den Song über das Mädchen Lucky. Veröffentlicht wurde er nicht, aber es gibt eine Demo-Aufnahme des fröhlichen Country-Songs. Die Demo-CDs verteilte die Zwölfjährige bei ihren ersten Auftritten bei Karaoke-Shows und kleinen Festivals.

FAKT 52

MADAME TUSSAUDS

Wer einmal ein Selfie mit Taylor Swift machen will, kann bei Madame Tussauds mit ihr posieren. Die lebensechten Wachsfiguren sind u. a. in Berlin, London, Amsterdam, New York und seit 2022 auch in Dubai zu bewundern. Jedes Wachsfigurenkabinett hat seine „eigene" Taylor-Figur und sie ähneln alle mehr oder weniger ihrem Vorbild. Fans finden die Londoner Version im *Shake-It-Off*-Look am stimmigsten.

FAKT 53 — MAPLE LATTES

Taylor ist bekannt dafür, Geheimbotschaften in den Songtexten ihrer Album-Booklets zu verstecken. Sie liebt es, ihren Fans mit diesen kleinen Easter Eggs Hinweise zu geben. In den Texten finden sich Großbuchstaben, die, zusammen gelesen, neue Wörter ergeben. Im *Red*-Booklet kann man in den Lyrics zu *All Too Well* MAPLE LATTES entziffern – eine Anspielung auf ihren Ex-Freund Jake Gyllenhaal, mit dem sie jenen Milchkaffee mit Ahornsirup assoziiert. Und im Text zu *22* wird ASHLEY DIANNA CLAIRE SELENA buchstabiert: eine Hommage an ihre Freundinnen Ashley Avignone, Dianna Agron, Claire Kislinger und Selena Gomez.

MISS AMERICANA

FAKT 54

Der Dokumentarfilm von 2020 gibt Einblicke in Taylors Arbeit vom Ende ihrer *Reputation Stadium Tour* 2018 bis zur Veröffentlichung ihres siebten Studioalbums *Lover* (2019). Der Filmtitel bezieht sich auf ihren Song *Miss Americana & the Heartbreak Prince*. Außergewöhnlich offen spricht Taylor im Film über persönliche Themen wie ihre Essstörung oder ihre Entscheidung, ihre politische Meinung öffentlich zu machen. Neben Taylors musikalischer Entwicklung zeigt Lana Wilsons Doku also auch, wie Taylor beginnt, ihren Einfluss zu nutzen und sich für gesellschaftliche Themen einzusetzen, die ihr wichtig sind.

MUSEUM

FAKT 55

Traumjob für Swifties: Im Februar 2024 schrieb das Victoria & Albert Museum in London eine Stelle als „Superfan Advisor Taylor Swift" aus. Das Museum beherbergt die weltgrößte Kunstgewerbe- und Design-Sammlung und sucht nach einer Person, die die Kuratoren in Sachen Fankultur um Taylor Swift beraten kann. Freundschaftsbänder oder Swift-inspirierte Mode könnten von Interesse für die Museumssammlung sein. Zukünftige Generationen können also vielleicht im Museum Ausstellungsstücke zum Taylor-Swift-Hype bewundern.

FAKT 56 — MYSPACE

Na, wer erinnert sich noch an MySpace? Richtig, das war in den 2000ern ein beliebtes soziales Netzwerk mit Musikschwerpunkt. Bands, Musiker und Fans konnten sich dort ein Profil einrichten und miteinander in Kontakt treten. Taylor Swift hatte schon früh die Bedeutung der sozialen Netzwerke erkannt und promotete ihre erste Single *Tim McGraw* auf ihrem MySpace-Profil. Über Blog-Beiträge stellte sie eine persönliche Verbindung zu ihren Fans her. Heute scheint diese Onlinepräsenz und Selbstvermarktung im Internet selbstverständlich, aber 2006 war es ziemlich innovativ!

FAKT 57 — NARBE

Eine Narbe auf Taylors rechtem Oberschenkel erinnert sie an eine missglückte Bastelaktion in Kindertagen. Als sie zehn oder elf Jahre alt war, kreierte sie aus Eisstielen ein Schloss. Dafür benutzte sie eine Heißklebepistole. Sie klebte eifrig eine Rutsche für die kleinen Bärchen, die im Schloss leben sollten, zusammen, da tropfte ein großer Klecks Heißkleber auf ihr Bein. Taylor knibbelte den Kleber schnell ab und mit ihm „17 Hautschichten". Autsch!

NASHVILLE

FAKT 58

Die Stadt in Tennessee, USA, ist auch bekannt als „Music City" und ist das weltweite Zentrum der Country-Musik. Taylor war schon als Kind klar, dass sie unbedingt nach Nashville musste, um als Country-Musikerin erfolgreich zu werden. Um die 14-jährige Taylor in ihrer Musikkarriere zu unterstützen, zog Familie Swift nach Hendersonville in der Nähe von Nashville um. Durch ihren Development Deal mit RCA Records hatte Taylor hier nun die Möglichkeit, mit erfahrenen Country-Songwritern wie Liz Rose zusammenzuarbeiten. Taylor liebt Nashville und verbringt dort so viel Zeit wie möglich. „Wenn mich jemand fragt, wo meine Heimat ist, muss ich nicht lange überlegen: Nashville."

FAKT 59 — NATIONALHYMNE

Taylor war schon als Kind enorm ehrgeizig und wollte auf die ganz große Bühne. So kam sie auf die geniale Idee, die amerikanische Nationalhymne bei Sportveranstaltungen zu singen. Im Alter von elf Jahren hatte sie ihren ersten Auftritt vor einem großen Publikum: Sie sang *The Star-Spangled Banner* vor einem Basketball-Spiel der Philadelphia 76ers. Dem Magazin *Rolling Stone* sagte sie Jahre später: „Ich fand heraus, dass man mit diesem einen Song vor 20.000 Menschen auftreten konnte, ohne einen Plattenvertrag zu haben. Also fing ich an, die Nationalhymne überall dort zu singen, wo es möglich war."

FAKT 60 — NO, IT'S BECKY

2014 ging ein Tumblr-Meme viral: Ein User hatte ein Foto von Taylor gepostet mit der Behauptung, es sei seine Freundin Becky, die nach dem Schnupfen von Marihuana gestorben sei. Ein anderer kommentierte den abstrusen Post: „I'm pretty sure that's Taylor Swift." Die Antwort: „No, it's Becky." Taylor nahm es mit Humor. Dass sie mitbekommt, was an der Fanbase abgeht, demonstrierte sie, indem sie kurze Zeit später ein gelbes T-Shirt mit der Aufschrift „No, it's Becky" trug.

OUR SONG

FAKT 61

Den elften Track auf ihrem Debütalbum *Taylor Swift*, *Our Song*, hatte Taylor in der neunten Klasse für einen Talentwettbewerb geschrieben. Der Song war bei ihren Mitschülern so beliebt, dass sie beschloss, ihn mit aufs Album zu nehmen. „Ich habe über diesen Typ geschrieben, mit dem ich zusammen war, und darüber, dass wir kein gemeinsames Lied hatten. Also hab ich uns einfach eins geschrieben."

PERSON OF THE YEAR

FAKT 62

2023 kürte das *Time Magazine* Taylor Swift zur „Person des Jahres". Damit reiht sie sich ein in eine Riege bedeutender Persönlichkeiten wie Martin Luther King oder Nelson Mandela. *Time*-Chefredakteur Sam Jacobs begründete die Entscheidung, Swift als einflussreichste Person des Jahres auszuzeichnen, folgendermaßen: „In einer gespaltenen Welt, in der zu viele Institutionen versagen, hat Taylor Swift einen Weg gefunden, Grenzen zu überwinden und eine Quelle des Lichts zu sein. Niemand sonst auf der Welt kann so viele Menschen bewegen wie sie […] Swift ist eine der seltenen Persönlichkeiten, die sowohl Autorin als auch Heldin ihrer eigenen Geschichte ist."

PLATTENVERTRAG

FAKT 63

Mit elf Jahren klapperte Taylor zum ersten Mal die Plattenlabels in Nashville ab, um ihr Demotape mit Country-Karaoke-Songs einzureichen. Mama Andrea chauffierte sie dafür in den Schulferien durch die Stadt. Leider ohne Erfolg. Doch Taylor blieb hartnäckig und pilgerte weiter nach Nashville. Nun nahm ihre Karriere langsam an Fahrt auf: Es gelang ihr, einen Development Deal für junge Künstler bei RCA Records abzuschließen, und schließlich überzeugte sie ihre Eltern, in die Hauptstadt der Country-Musik umzuziehen. Mit 14 unterschrieb sie einen Vertrag bei Sony/ATV als Songwriterin und war damit die jüngste Künstlerin, die Sony unter Vertrag genommen hatte. Schon 2005 wechselte sie jedoch zum neu gegründeten Label Big Machine Records und verpflichtete sich für 13 Jahre.

PLAYLISTS

FAKT 64

Taylor teilt ihre Songtexte in drei Kategorien ein: „Quill Pen Lyrics", „Fountain Pen Lyrics" und „Glitter Gel Pen Lyrics" – Feder-, Füller- und Glitzerstift-Texte. Beim Schreiben stellt sie sich vor, welches Schreibgerät am besten zum Song passt. „Wenn meine Texte wie ein Brief klingen, den Emily Dickinsons Urgroßmutter beim Nähen eines Spitzenvorhangs geschrieben hat, dann schreibe ich im Quill-Genre", erklärt Taylor. Die „Fountain Pen Songs" sind modernere persönliche Texte. Schmissige Popsongs dagegen schreibt sie mit dem imaginären Glitzerstift. Die drei entsprechenden Playlists auf Apple Music hat Taylor selbst zusammengestellt.

FAKT 65

POLITIK

Zu den Midterm Elections 2018 äußerte sich Taylor erstmals politisch und bekannte sich öffentlich als Unterstützerin der Demokraten. Sie kritisierte vor allem die Kandidatin der Republikaner, Marsha Blackburn: „Ich kann niemanden wählen, der nicht bereit ist, für die Würde ALLER Amerikaner zu kämpfen, egal welche Hautfarbe oder welches Geschlecht sie haben, oder wen sie lieben", schrieb sie in ihrem Instagram-Post. Donald Trumps Antwort darauf: „Jetzt mag ich Taylors Musik 25 Prozent weniger." Der gesellschaftliche Einfluss des Popstars ist mittlerweile so groß, dass die Republikaner nervös werden: Eine Moderatorin des konservativen TV-Senders Fox News richtete im Februar 2024 eine Botschaft direkt an Taylor: „Mischen Sie sich nicht in die Politik ein; wir wollen Sie dort nicht sehen."

FAKT 66

POST-KONZERT-AMNESIE

Zahlreiche Fans berichten von Gedächtnislücken nach einem Taylor-Swift-Konzert. Wie kann das sein? Das Phänomen hat einen Namen: Post-Konzert-Amnesie. Auf dem Konzert unseres Idols, umgeben von tausenden begeisterten Menschen, erleben wir eine Menge Emotionen. Das ist anstrengend fürs Gehirn und für unsere Psyche ist diese Erregung und Reizüberflutung ein Ausnahmezustand. Dermaßen überflutet von Gefühlen und in einer Art „Alarmbereitschaft", hält unser Gehirn es für nebensächlich, neue Erinnerungen zu speichern. Die Folge: Das Erlebte wird nicht oder nur schlecht abgespeichert und wir haben einen Filmriss.

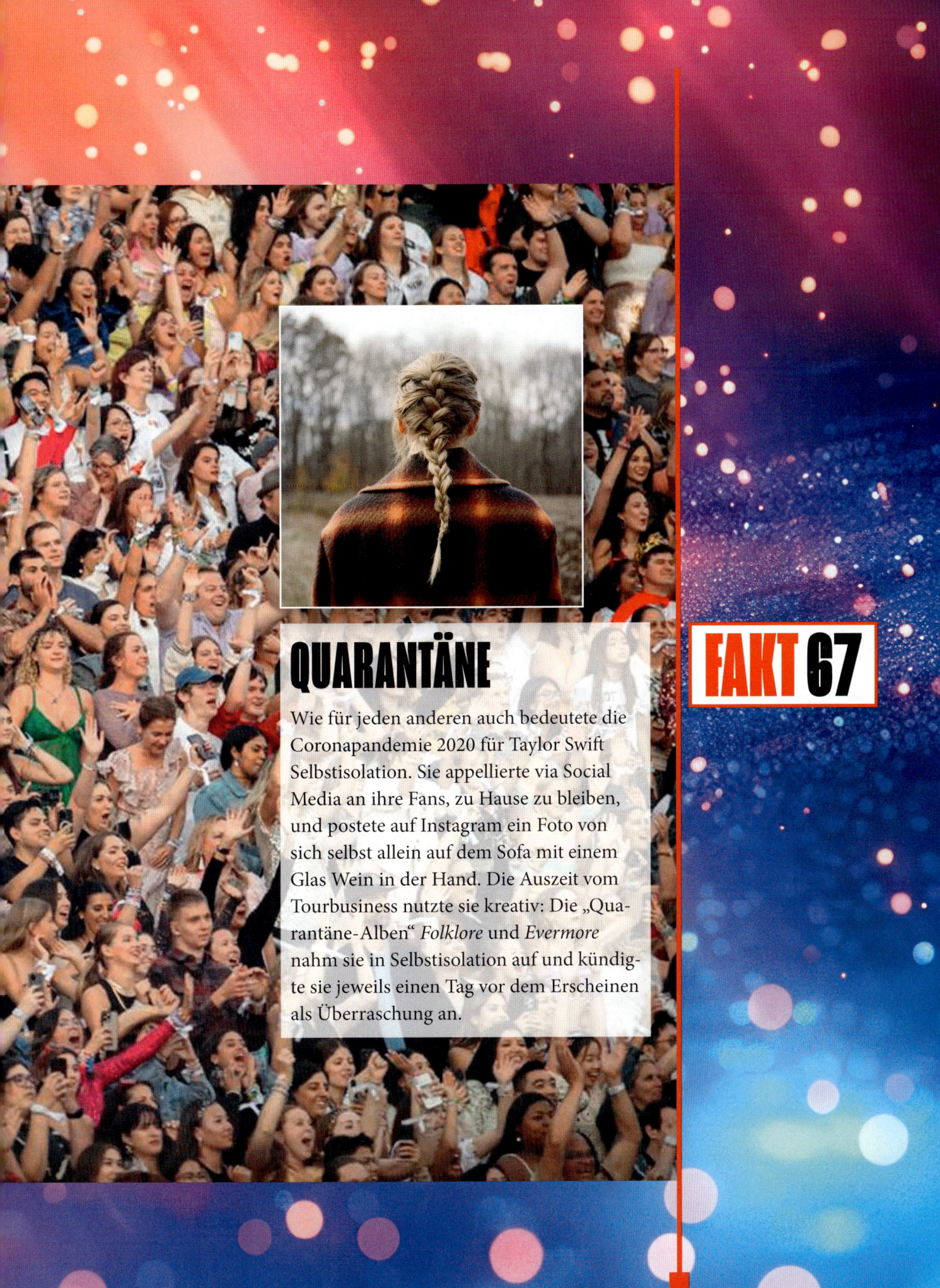

QUARANTÄNE

Wie für jeden anderen auch bedeutete die Coronapandemie 2020 für Taylor Swift Selbstisolation. Sie appellierte via Social Media an ihre Fans, zu Hause zu bleiben, und postete auf Instagram ein Foto von sich selbst allein auf dem Sofa mit einem Glas Wein in der Hand. Die Auszeit vom Tourbusiness nutzte sie kreativ: Die „Quarantäne-Alben" *Folklore* und *Evermore* nahm sie in Selbstisolation auf und kündigte sie jeweils einen Tag vor dem Erscheinen als Überraschung an.

FAKT 67

REBEKAH HARKNESS

Rebekah Harkness war Komponistin und Millionenerbin des Standard-Oil-Vermögens. Sie war die Vorbesitzerin von Taylor Swifts Anwesen „Holiday House" in Rhode Island. Die exzentrische Frau inspirierte Taylor zu ihrem Song *The Last Great American Dynasty*, der Harkness' Lebensgeschichte erzählt und Parallelen zu ihrem eigenen Leben zieht. Sie war für den Tod ihres Mannes verantwortlich gemacht worden, und ihre wilden Partys mit Freundinnen aus New York wurden von den Stadtbewohnern missbilligt.

FAKT 68

REITEN

Taylor Swift ist mit Pferden aufgewachsen und kann reiten. Das Hobby musste sie allerdings aufgeben, um ihre Musikkarriere professionell voranbringen zu können. „Es gab diese eine dramatische Diskussion, in der ich mich fürs Singen statt Reiten entschieden habe. Meine Mom wollte immer, dass ich reite, weil sie es liebt. Sie hat dann aber realisiert, dass ich nicht so verrückt nach Pferden bin wie nach Musik, und sagte: ‚Du musst nicht reiten. Mach es nur, wenn du es liebst – nicht, weil ich es liebe.'"

FAKT 69

ROMANAUTORIN

Mit 14 hat Taylor einen Roman geschrieben. Familie Swift verbrachte die Sommerferien in New Jersey. Nachdem ein Hai an den Strand gespült worden war, traute sich Taylor nicht mehr ins Wasser. Aus Langeweile begann sie zu schreiben. Die Geschichte mit dem Titel „A Girl Named Girl" („Ein Mädchen namens Mädchen") handelt von einer Mutter, die lieber einen Sohn als eine Tochter hätte. Das Manuskript liegt heute noch bei ihren Eltern in der Schublade, veröffentlicht wurde es bisher nicht. Den Buchtitel hat Taylor sich 2015 vorsorglich schützen lassen.

FAKT 70

FAKT 71

RONAN

Kurz vor seinem vierten Geburtstag starb der kleine Ronan Thompson 2011 an Krebs. Seine Mutter Maya verarbeitete ihre Trauer in einem Blog. Nachdem Taylor den Blog gelesen hatte, schrieb sie einen Song für Ronan und verwendete dafür Zitate aus Mayas Blog. Die Charity-Single *Ronan* wurde als exklusiver Download auf iTunes veröffentlicht, nachdem Taylor den Song bei der „Stand Up to Cancer" TV-Show gesungen hatte. Die Einnahmen kamen der Krebshilfe zugute. Mit dem Einverständnis der Familie Thompson wurde *Ronan* 2021 für das Album *Red (Taylor's Version)* neu eingespielt.

SEEIGEL

FAKT 72

Taylor hat eine Seeigel-Phobie. Sie hat panische Angst vor den stacheligen Meeresbewohnern: „Es sind kleine Granaten, die liegen da und warten darauf, dich total zu verletzen", erzählte sie Ellen DeGeneres 2014. „Du siehst sie nicht, trittst drauf und die Stacheln dringen in alles ein, was sie berühren. Dann musst du in die Notaufnahme und sie rausoperieren lassen. Du kannst deinen Fuß verlieren oder deine Hand!" Ganz so dramatisch endet eine Seeigelbegegnung meistens nicht. Doch man kann Taylor glauben, wenn sie sagt: „Ich mag Seeigel nicht."

SELENA GOMEZ

FAKT 73

Selena Gomez gehört seit Jahren zu Taylors engsten Freundinnen. Kennengelernt haben sie sich 2008, als beide einen der Jonas Brothers dateten – Taylor war mit Joe zusammen und Selena mit Nick. Seitdem unterstützen sie sich gegenseitig privat und beruflich, feiern zusammen bei Geburtstagen und Preisverleihungen wie den Golden Globes 2024. „Sie hat mir jedes Jahr aufs Neue und in jedem Moment meines Lebens bewiesen, dass sie eine meiner besten Freundinnen auf der Welt ist. Wir sind nicht in allem einer Meinung, aber wir respektieren einander in allem", sagt Taylor über ihre Freundin.

FAKT 74 — SERIEN

Wer bingt nicht gern mal seine Lieblingsserie? Taylor Swift ist da keine Ausnahme. Sie ist bekanntermaßen ein Riesenfan von *Game of Thrones* und der Sitcom *Friends*. Den britischen Indie-Hit *Fleabag* von Phoebe Waller-Bridge findet sie ebenfalls großartig. Außerdem schwärmt sie für *Grey's Anatomy*, *Law & Order*, *Killing Eve* und *Downton Abbey*. Vielleicht eine Inspiration für den nächsten Netflix-Abend à la Taylor?

FAKT 75 — SHAKE IT OFF

Der Dance-Hit aus dem Jahr 2014 war Taylors Antwort an all ihre Hater. Ihr wachsender Ruhm hatte in den zwei Jahren zuvor dazu geführt, dass jedes ihrer Worte und jede ihrer Bewegungen von den Medien beobachtet wurde. Ihr Liebesleben wurde rund um die Uhr (und teilweise sehr gehässig) kommentiert. „Wenn dein Leben derart überwacht wird, kannst du dich entweder davon unterkriegen lassen oder wirklich gut darin werden, Schlägen auszuweichen. Und wenn einer kommt, weißt du, wie du damit umgehen musst. Ich schätze, meine Art, damit umzugehen, ist, es abzuschütteln", sagte Swift gegenüber dem *Rolling Stone* über ihren erfolgreichsten Song.

FAKT 76 — SPEAK NOW

Taylor hat jeden Song auf ihrem dritten Studioalbum *Speak Now* aus dem Jahr 2010 selbst und ohne Co-Autoren geschrieben. Ihren Kritikern bewies die Zwanzigjährige damit, dass sie als Songwriterin durchaus ernst zu nehmen ist. Zwei Jahre schrieb sie an diesem Album, in dem sie viele persönliche Erlebnisse und Begegnungen verarbeitete: „Jeder Song ist ein Geständnis an eine bestimmte Person. In den letzten zwei Jahren habe ich eine Menge Dinge erlebt, über die ich unbedingt schreiben wollte. Dinge, die ich in dem Moment sagen wollte, aber nicht gesagt habe."

TAYLOR SWIFT BEI EINEM KONZERT IHRER 1989 WORLD TOUR IN TORONTO.

FAKT 77

SPENDEN

Sie ist eine der reichsten Frauen der Welt und bekannt dafür, großzügig für wohltätige Zwecke zu spenden. 2016 spendete Swift 1 Million Dollar an die Opfer der Flutkatastrophe in Louisiana, 2020 und 2023 denselben Betrag an die Tornadoopfer in Tennessee. Nach ihrem Gerichtsprozess wegen sexueller Belästigung 2017 spendete sie einen „großzügigen" Betrag an eine Organisation, die Opfer sexueller Gewalt unterstützt. Sie engagiert sich auch in der Tierrettung und beschenkt Einzelpersonen, indem sie deren Studiengebühren oder medizinische Behandlungen übernimmt.

FAKT 78

SPOTIFY

2014 legte sich Taylor mit Spotify an. Damals veränderte sich die Musiklandschaft rasant und Taylor sah das Geschäftskonzept der neuen Streamingdienste äußerst kritisch. Sie war der Meinung, ihre Musik werde unter Wert verhökert, die „Umsonstmentalität" der Konsumenten wollte sie nicht unterstützen. Kurzerhand entfernte sie ihre Musik von der Plattform. Seitdem waren ihre Alben bei Apple Music verfügbar, das keine kostenlose Streaming-Variante anbietet. Nach knapp drei Jahren Boykott lenkte Swift ein und stellte ihre Musik wieder bei Spotify ein – ausgerechnet an dem Tag, als Katy Perrys neues Album erschien, mit der sie zu dieser Zeit zerstritten war …

STIFTE

Taylor Swift hält Stifte auf eine sehr ungewöhnliche Art. Zu sehen ist die Swift-Stifthaltung im Musikvideo zu *Anti-Hero*, aber auch auf vielen Fotos, die sie beim Autogrammschreiben zeigen: Sie hält den Stift zwischen Zeige- und Mittelfinger statt mit dem weitverbreiteten „Dreipunktgriff". Warum? Eine Erklärung dafür könnte ihre Hypermobilität sein, bei sehr beweglichen Gelenken kann der Stift so besser stabilisiert werden. Für Taylor funktioniert die Haltung jedenfalls wunderbar. Und ausschlaggebend ist, WAS sie schreibt, nicht WIE.

STILIKONE

Auch modisch erfindet sich Taylor mit jeder „Ära" neu. Passend zum Stil ihres jeweiligen Albums kreiert sie einzigartige Outfits für die Bühne und ihre öffentlichen Auftritte. Von ihren Anfängen als Country-Girl in Cowboystiefeln und Flatterkleid über den Leder-Look mit Schlangenmotiven (*Reputation*), romantische Pastelltöne (*Lover*) und Spitzenkleider mit Strickjacke im Cottagecore-Stil (*Folklore, Evermore*) bis hin zu ihren ikonischen Glitzerbodies – der Popstar hat schon einige Fashion-Wandlungen durchgemacht. Taylors Outfits auf dem roten Teppich sind legendär (Oscar de la Rentas blumenbesticktes Minitüllkleid bei der Grammy-Verleihung 2021! Der knallbunte Versace-Blazer mit schwarzen Overknees bei den MTV AMAs 2019!). Fast immer dabei: Taylors Markenzeichen, der signalrote Lippenstift.

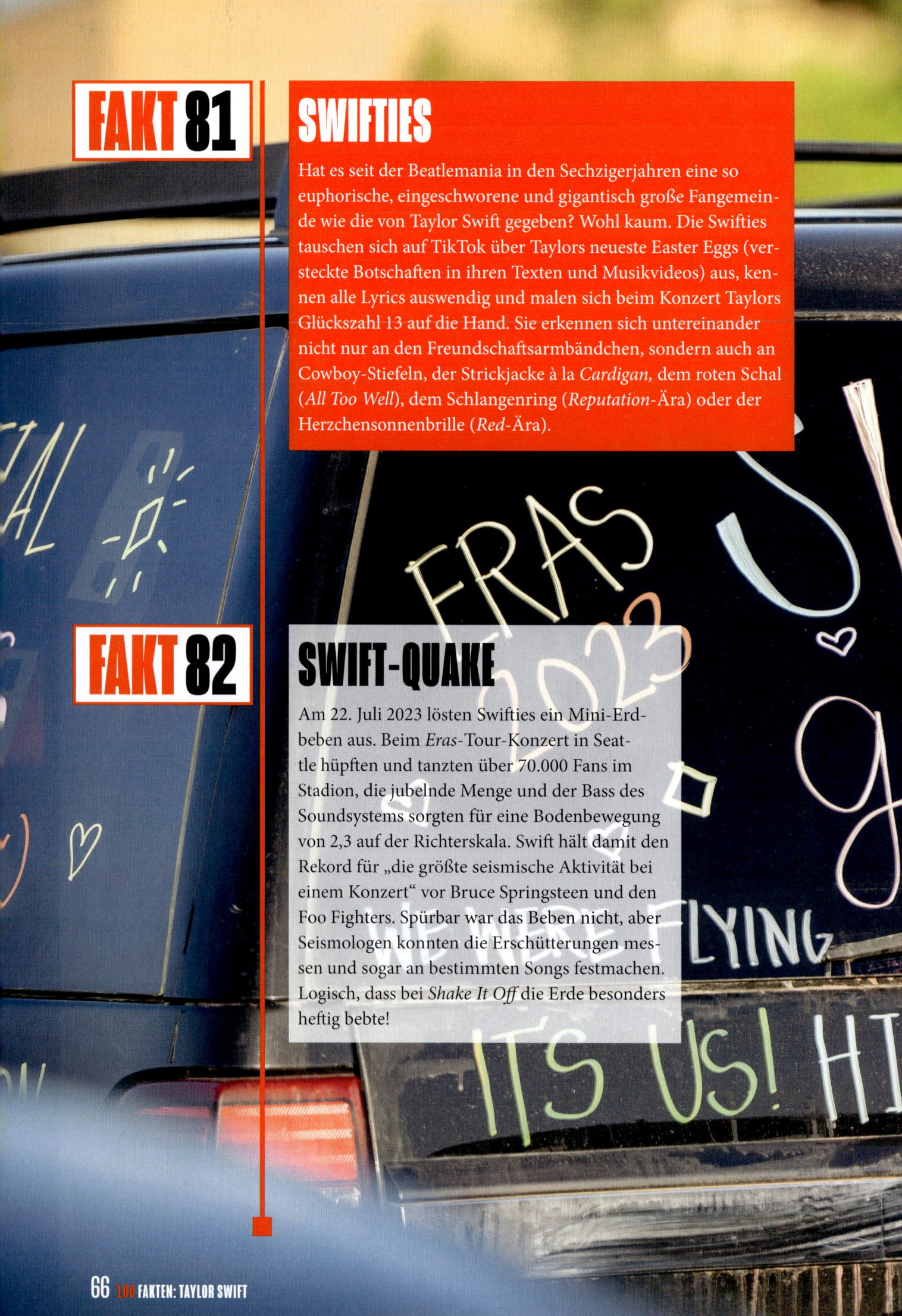

FAKT 81

SWIFTIES

Hat es seit der Beatlemania in den Sechzigerjahren eine so euphorische, eingeschworene und gigantisch große Fangemeinde wie die von Taylor Swift gegeben? Wohl kaum. Die Swifties tauschen sich auf TikTok über Taylors neueste Easter Eggs (versteckte Botschaften in ihren Texten und Musikvideos) aus, kennen alle Lyrics auswendig und malen sich beim Konzert Taylors Glückszahl 13 auf die Hand. Sie erkennen sich untereinander nicht nur an den Freundschaftsarmbändchen, sondern auch an Cowboy-Stiefeln, der Strickjacke à la *Cardigan*, dem roten Schal (*All Too Well*), dem Schlangenring (*Reputation*-Ära) oder der Herzchensonnenbrille (*Red*-Ära).

FAKT 82

SWIFT-QUAKE

Am 22. Juli 2023 lösten Swifties ein Mini-Erdbeben aus. Beim *Eras*-Tour-Konzert in Seattle hüpften und tanzten über 70.000 Fans im Stadion, die jubelnde Menge und der Bass des Soundsystems sorgten für eine Bodenbewegung von 2,3 auf der Richterskala. Swift hält damit den Rekord für „die größte seismische Aktivität bei einem Konzert" vor Bruce Springsteen und den Foo Fighters. Spürbar war das Beben nicht, aber Seismologen konnten die Erschütterungen messen und sogar an bestimmten Songs festmachen. Logisch, dass bei *Shake It Off* die Erde besonders heftig bebte!

FAKT 83
TAYLOR'S VERSIONS

Als 2018 der Vertrag mit Big Machine Records auslief, verkaufte Scott Borchetta das Copyright für Taylor Swifts Masteraufnahmen an Scooter Braun. Gemäß dem US-Copyright lagen die Urheberrechte für Text und Komposition bei der Künstlerin, das Copyright für die Aufnahme jedoch beim Plattenlabel. Um die finanzielle und künstlerische Kontrolle über ihre Arbeit zurückzuerlangen, stürzte sich Taylor in ein Mammutprojekt: Sie begann damit, die Alben neu einzuspielen und als *Taylor's Versions* herauszubringen. Den Anfang machten *Fearless (Taylor's Version)* und *Red (Taylor's Version)* 2021, es folgten 2023 *Speak Now (Taylor's Version)* und *1989 (Taylor's Version)*. Alle Neuaufnahmen stürmten die Charts, sie enthalten neben der ursprünglichen Tracklist zusätzliche Songs From the vault, bisher unveröffentlichte Lieder „aus dem Tresor".

FAKT 84
TEENAGE LOVE TRIANGLE

Auf dem Album *Folklore* sind drei Songs inhaltlich miteinander verwoben und bilden das „Teenage Love Triangle": *Cardigan*, *August* und *Betty* erzählen die fiktive Dreiecksgeschichte der Teenager aus drei verschiedenen Perspektiven und zu verschiedenen Zeitpunkten im Leben. In *Cardigan* reflektiert Betty über eine vergangene Liebe, in *August* singt die namenlose Erzählerin von ihrer Sommerromanze mit einem Jungen, der eigentlich mit jemand anderem zusammen ist, und in *Betty* kommt der reuevolle 17-jährige James zu Wort, der Betty mit dem *August*-Mädchen betrogen hat.

FAKT 85

THE LAKES

Die Indie-Ballade wurde als Bonus-Track auf der Deluxeversion von *Folklore* veröffentlicht. Der Titel bezieht sich auf den Lake District in Großbritannien, eine herrliche Seenlandschaft zwischen den Bergen. Hier lebten und schrieben im 19. Jahrhundert die „Lake Poets", eine Gruppe romantischer Lyriker rund um William Wordsworth. In diese idyllische Utopie versetzte sich Taylor während des Coronalockdowns und träumt im Song von einem friedlichen Leben in Windermere mit ihrem Geliebten, ohne Handys und soziale Medien. Eine Orchesterversion des Songs erschien ein Jahr später.

THE STORY OF US

FAKT 86

Dies ist einer der Songs auf *Speak Now*, in denen Taylor ihre Trennung von John Mayer verarbeitet hat. Mit dem 13 Jahre älteren Singer-Songwriter war sie 2010 zusammen. „*The Story of Us* handelt davon, dass ich bei einer Preisverleihung jemandem über den Weg gelaufen bin, mit dem ich in einer Beziehung gewesen war, und wir saßen ein paar Plätze voneinander entfernt. Ich wollte ihm einfach nur sagen: ‚Macht dich das nicht fertig? Weil mich macht es fertig.' Habe ich aber nicht." Swift spricht öffentlich nie darüber, welche Person sie zu einem Song inspiriert hat, doch bei den CMT Awards 2010 saß sie nur wenige Plätze von ihrem Ex entfernt.

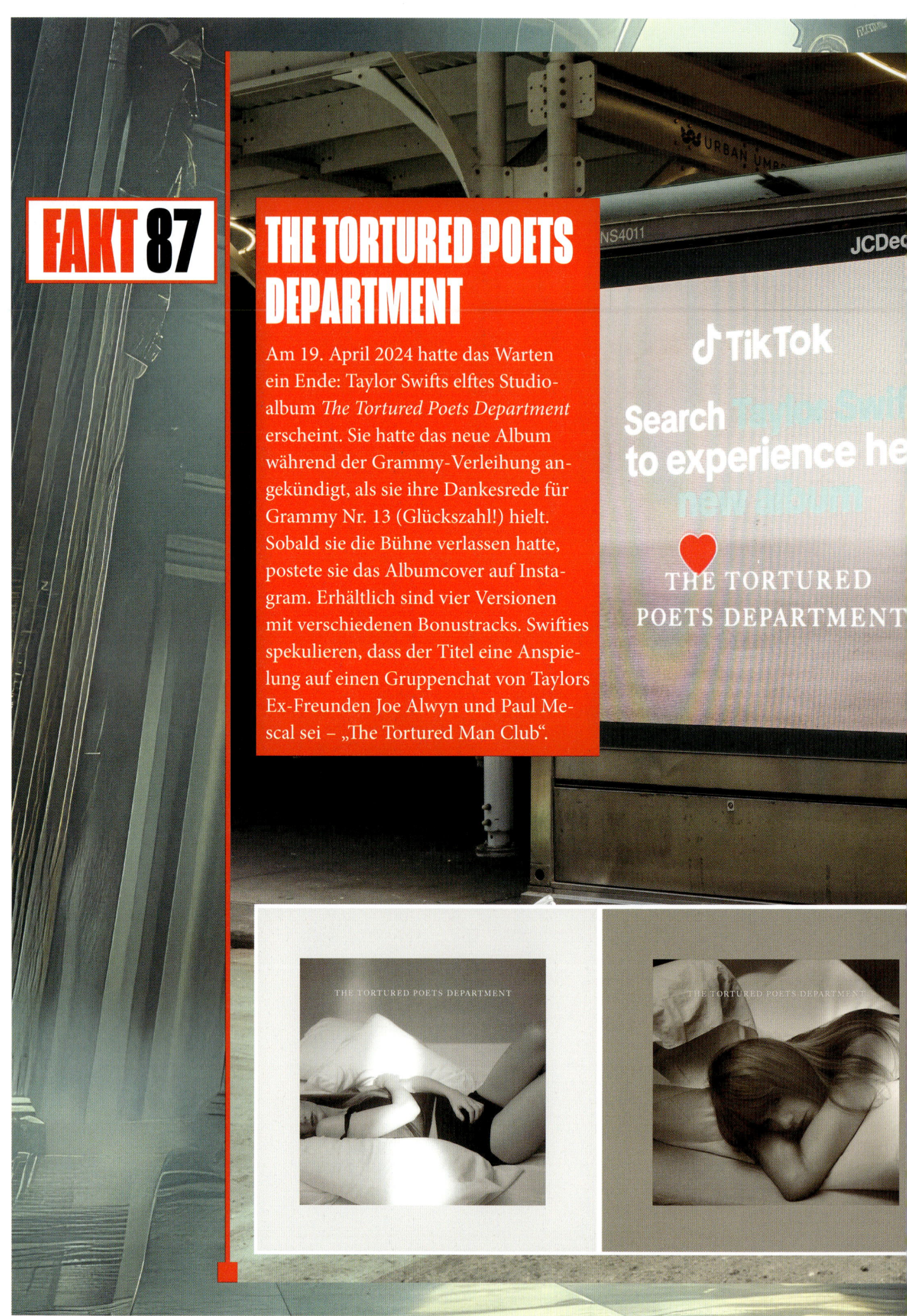

FAKT 87

THE TORTURED POETS DEPARTMENT

Am 19. April 2024 hatte das Warten ein Ende: Taylor Swifts elftes Studioalbum *The Tortured Poets Department* erscheint. Sie hatte das neue Album während der Grammy-Verleihung angekündigt, als sie ihre Dankesrede für Grammy Nr. 13 (Glückszahl!) hielt. Sobald sie die Bühne verlassen hatte, postete sie das Albumcover auf Instagram. Erhältlich sind vier Versionen mit verschiedenen Bonustracks. Swifties spekulieren, dass der Titel eine Anspielung auf einen Gruppenchat von Taylors Ex-Freunden Joe Alwyn und Paul Mescal sei – „The Tortured Man Club".

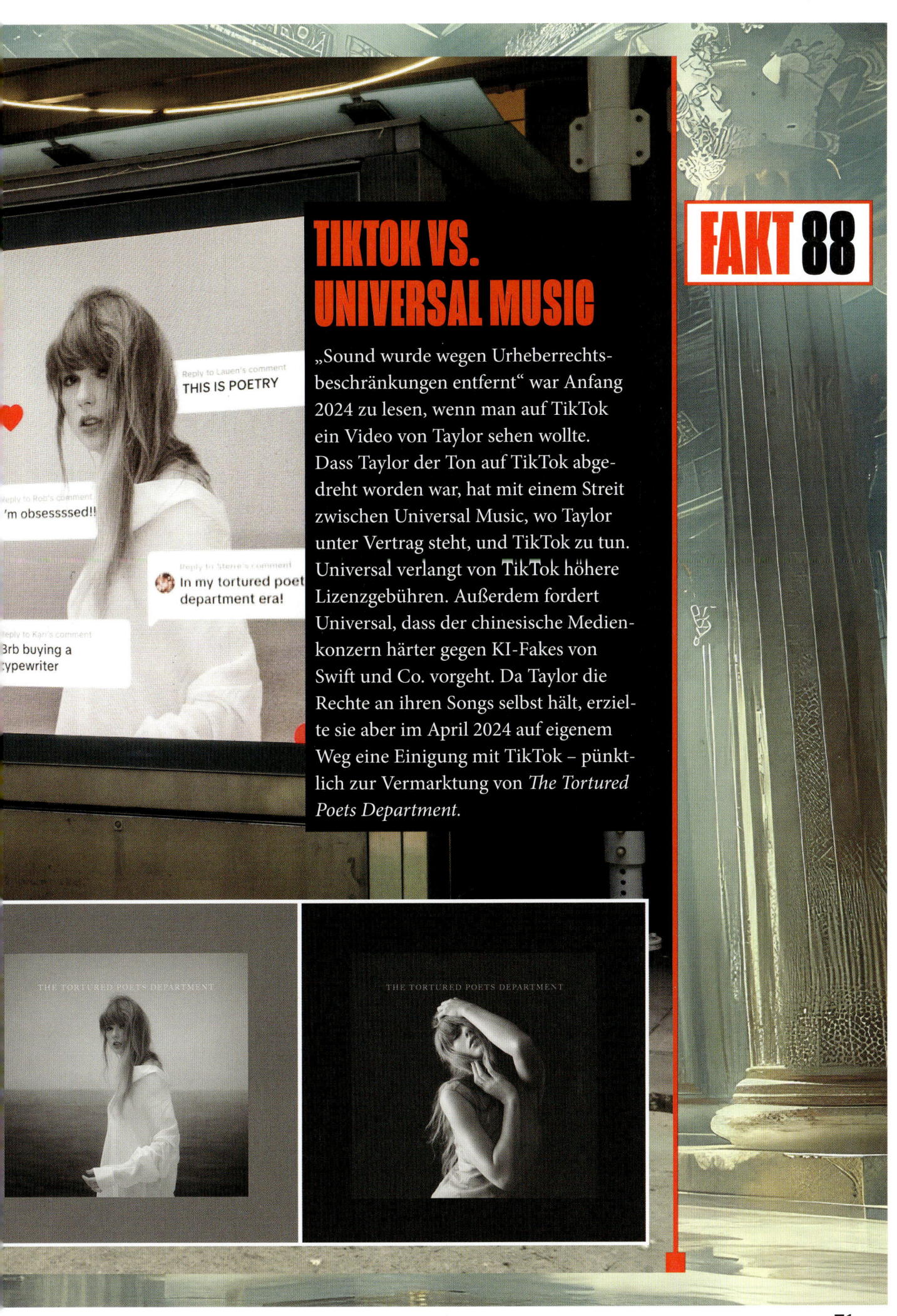

TIKTOK VS. UNIVERSAL MUSIC

„Sound wurde wegen Urheberrechtsbeschränkungen entfernt" war Anfang 2024 zu lesen, wenn man auf TikTok ein Video von Taylor sehen wollte. Dass Taylor der Ton auf TikTok abgedreht worden war, hat mit einem Streit zwischen Universal Music, wo Taylor unter Vertrag steht, und TikTok zu tun. Universal verlangt von TikTok höhere Lizenzgebühren. Außerdem fordert Universal, dass der chinesische Medienkonzern härter gegen KI-Fakes von Swift und Co. vorgeht. Da Taylor die Rechte an ihren Songs selbst hält, erzielte sie aber im April 2024 auf eigenem Weg eine Einigung mit TikTok – pünktlich zur Vermarktung von *The Tortured Poets Department*.

FAKT 88

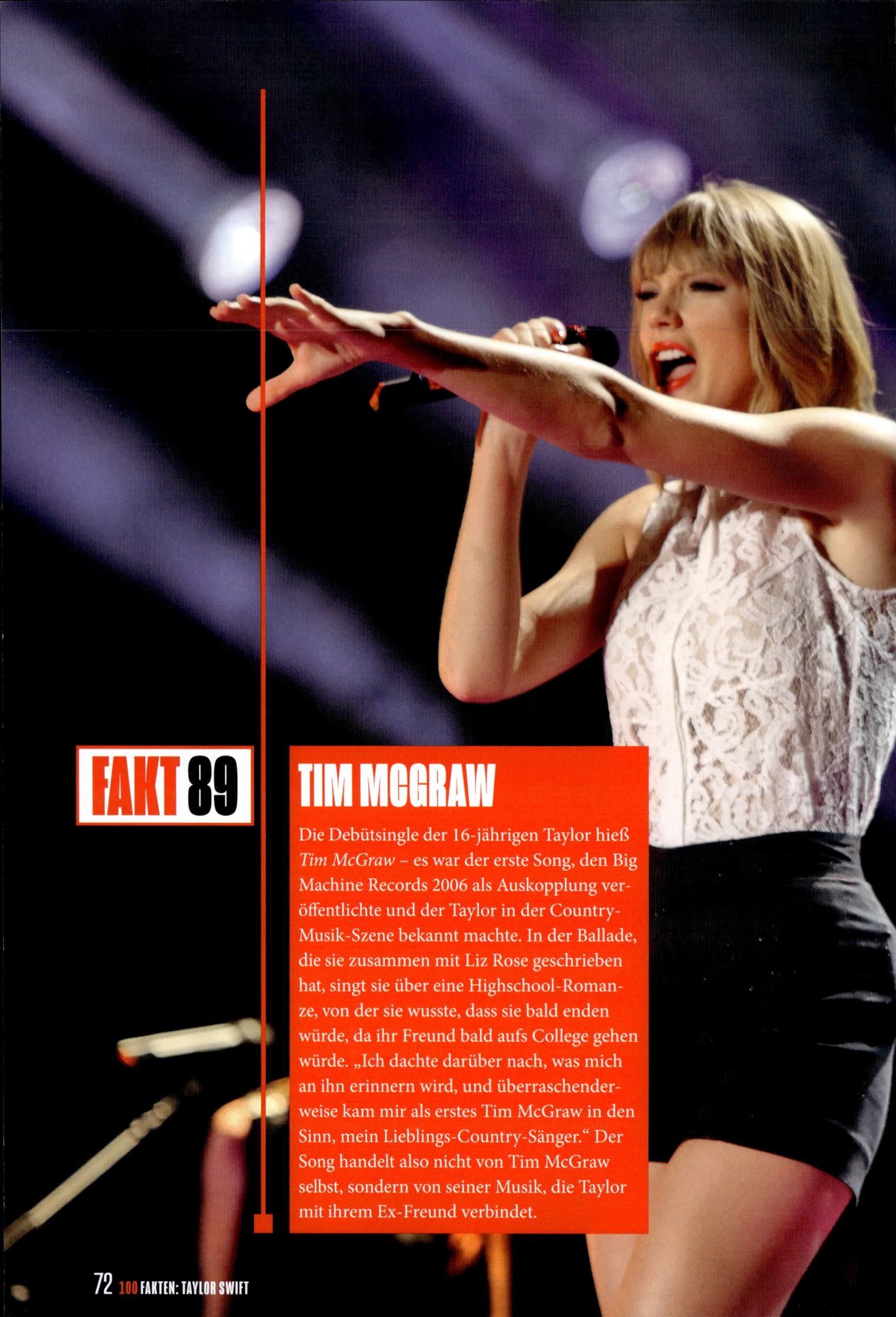

FAKT 89

TIM MCGRAW

Die Debütsingle der 16-jährigen Taylor hieß *Tim McGraw* – es war der erste Song, den Big Machine Records 2006 als Auskopplung veröffentlichte und der Taylor in der Country-Musik-Szene bekannt machte. In der Ballade, die sie zusammen mit Liz Rose geschrieben hat, singt sie über eine Highschool-Romanze, von der sie wusste, dass sie bald enden würde, da ihr Freund bald aufs College gehen würde. „Ich dachte darüber nach, was mich an ihn erinnern wird, und überraschenderweise kam mir als erstes Tim McGraw in den Sinn, mein Lieblings-Country-Sänger." Der Song handelt also nicht von Tim McGraw selbst, sondern von seiner Musik, die Taylor mit ihrem Ex-Freund verbindet.

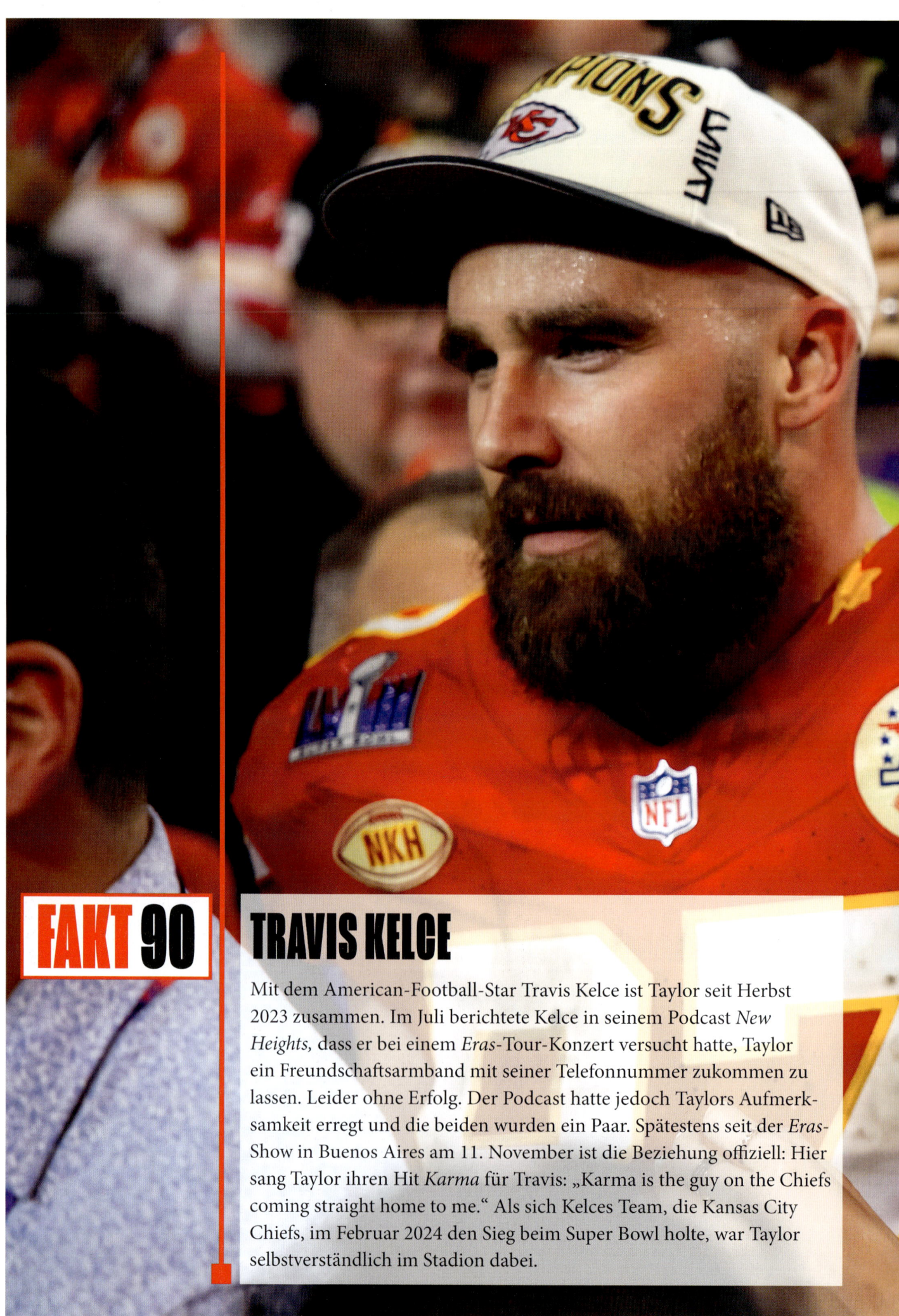

FAKT 90

TRAVIS KELCE

Mit dem American-Football-Star Travis Kelce ist Taylor seit Herbst 2023 zusammen. Im Juli berichtete Kelce in seinem Podcast *New Heights*, dass er bei einem *Eras*-Tour-Konzert versucht hatte, Taylor ein Freundschaftsarmband mit seiner Telefonnummer zukommen zu lassen. Leider ohne Erfolg. Der Podcast hatte jedoch Taylors Aufmerksamkeit erregt und die beiden wurden ein Paar. Spätestens seit der *Eras*-Show in Buenos Aires am 11. November ist die Beziehung offiziell: Hier sang Taylor ihren Hit *Karma* für Travis: „Karma is the guy on the Chiefs coming straight home to me." Als sich Kelces Team, die Kansas City Chiefs, im Februar 2024 den Sieg beim Super Bowl holte, war Taylor selbstverständlich im Stadion dabei.

UNISEMINAR

FAKT 91

An mehreren Universitäten in den USA und sowie an der Uni Gent in Belgien können Studierende Taylor Swifts Lyrics im Seminar literaturwissenschaftlich analysieren. Auch ein Anglistikseminar im Frühjahrssemester 2024 an der Uni Basel beschäftigt sich mit Swifts Songtexten. Die Dozenten finden, dass Swifts Texte durchaus literarischen Wert haben. So sei z. B. der Song *The Lakes* eine Auseinandersetzung mit den romantischen „Lake Poets", die im 19. Jahrhundert im Nordwesten Englands aktiv waren.

FAKT 92

VALENTINE'S DAY

Ihr Debüt als Filmschauspielerin gab Taylor Swift in Garry Marshalls Liebeskomödie *Valentine's Day* (2010). Sie spielt die Rolle der Felicia Miller. Auch im wahren Leben verknallte sie sich in ihren Filmpartner, Taylor Lautner. Taylor & Taylor waren 2009 einige Monate ein Paar, bevor sie sich im Dezember trennten. *Back to December* auf *Speak Now* handelt von ihm – davon sind viele Swifties überzeugt. Taylor steuerte auch den Song *Today Was a Fairytale* zum *Valentine's-Day*-Soundtrack bei.

VERMÖGEN

Es ist wenig überraschend, dass Taylor Swift zu den reichsten Musikern der Welt gehört. Mit einem geschätzten Vermögen von 1,1 Milliarden US Dollar rangiert sie derzeit auf Platz 5 der bestverdienenden Musik-Stars. Reicher sind nur Paul McCartney, Andrew Lloyd Webber, Rihanna und Jay-Z. Als kluge Geschäftsfrau deckt sie alle Bereiche des Musik-Business ab: Streaming, Plattenverkäufe, Konzerte, Film und Merchandising. Die noch laufende *Eras*-Tour dürfte ca. weitere 600 Millionen US Dollar in ihre Kassen spülen – es ist also noch Luft nach oben!

FAKT 93

FAKT 94

TAYLOR SWIFT TRITT MIT IHREM NAMENSGEBER JAMES TAYLOR IN MADISON SQUARE GARDEN AUF, 2011.

VORBILDER

LeAnn Rimes' Musik liebte Taylor schon als kleines Mädchen. Sie nennt mehrere weibliche Country-Stars als Inspirationsquelle für ihre Karriere: „Shania Twain verkörpert für mich Unabhängigkeit und sie spricht einfach jeden an; Faith Hill hat diesen klassischen Glamour, Schönheit und Anmut und die Dixie Chicks haben immer klar gemacht, dass ihnen egal ist, was andere denken." Darüber hinaus hat sie oft betont, dass auch ihre Großmutter, die Opernsängerin war, ein großes Vorbild für sie ist.

FAKT 95

VORNAME TAYLOR

Taylor wurde nach dem Singer-Songwriter James Taylor benannt, ihr vollständiger Name lautet Taylor Alison Swift. Ihre Eltern waren Fans von James Taylors Musik, außerdem wählten sie mit Absicht einen genderneutralen Namen für ihre Tochter. Beide arbeiteten damals in der Finanzbranche und dachten ganz pragmatisch an Taylors Zukunft: „Meine Mom dachte, es sei cool, eine Visitenkarte mit ‚Taylor' darauf zu haben, da man dann nicht wüsste, ob sie von einem Typ oder einem Mädchen ist", sagte Swift 2009 in einem Interview mit dem *Rolling Stone*.

WEIHNACHTSBAUMPLANTAGE

FAKT 96

Die ersten Jahre ihres Lebens wuchs Taylor auf einer idyllischen Weihnachtsbaumplantage in West Reading, Pennsylvania, im Nordosten der USA, auf. Ihre Eltern betreiben die Pine Ridge Farm nebenberuflich. Als kleines Mädchen konnte sich Taylor hier in der Natur und den Wäldern austoben. Das Leben auf der Farm hat ihre lebhafte Fantasie und Kreativität gefördert. 2019 veröffentlichte sie den Song *Christmas Tree Farm* als Hommage an diese Zeit. Das dazugehörige Musikvideo zeigt private Filmaufnahmen aus Taylors Kindheit. Als Taylor zehn Jahre alt war, zog die Familie in die Nähe von Wyomissing, Pennsylvania.

TAYLOR SWIFT MIT TOUR-TÄNZER*INNEN

FAKT 97 — WHITE SUPREMACY? – WEIT GEFEHLT!

Bis 2018 war Swift mit politischen Äußerungen zurückhaltend. Dies ermöglichte Rechtsextremisten und Rassisten, sich ihr eigenes Bild von Taylor Swift zu machen und sie für die White-Supremacy-Bewegung zu vereinnahmen. Sie verehrten sie als „arische Göttin" und „Wiedergeburt Athenes". Swift beteuert, damals nichts davon gewusst zu haben. „Es gibt nichts Schlimmeres als White Supremacy. Es ist widerlich. Es darf keinen Platz dafür geben.", stellte sie 2019 klar. Inzwischen ist sie den Rechten ein Dorn im Auge – sie befürchten einen wahlentscheidenden Einfluss Swifts zugunsten der Demokraten.

WOMAN OF THE DECADE

FAKT 98

2019 wurde Taylor Swift mit dem „*Billboard* Woman of the Decade Award" als „eine der erfolgreichsten Musikkünstlerinnen aller Zeiten im Lauf der 2010er-Jahre" ausgezeichnet. In ihrer Dankesrede betonte sie, dass sie und viele andere Musikerinnen sich ihren Erfolg selbst erarbeitet haben. Im selben Jahr erhielt sie bei den American Music Awards den Ehrenpreis als „Artist of the Decade" – in den 2010er-Jahren hat sie mehr American Music Awards abgeräumt als irgendjemand sonst.

YOU NEED TO CALM DOWN

FAKT 99

Mit diesem Elektro-Pop-Song nutzte Taylor ihre Reichweite erstmals für den Aufruf, politisch aktiv zu werden. Während der Midterm Elections in ihrem Heimatstaat Tennessee bekannte sie sich 2018 öffentlich als Unterstützerin der Demokraten. Am Ende des Videos zum Song forderte sie ihre Fans auf, sich für das Pro-LGBTQ+-Gleichstellungsgesetz einzusetzen und ihre Petition zur Unterstützung des Equality Acts durch den Senat zu unterzeichnen. Der Song ist ein Plädoyer für eine liberalere Gesellschaft und ruft Internet-Trollen und Homophoben entgegen, „mal runterzukommen". Im Video haben zahlreiche Promis, darunter einige Ikonen der LGBTQ+-Szene wie Ellen DeGeneres und RuPaul, Gastauftritte.

FAKT 100

ZÄHNE

Während eines Auftritts in Pittsburgh 2013 hatte Taylor auf der Bühne einen kleinen Unfall. Als sie *I Knew You Were Trouble* performte, schlug sie sich selbst das Mikrofon gegen die Zähne, die Spitze eines Eckzahns brach ab. Professionell wie sie ist, zog sie die Show trotzdem weiter durch. Der abgebrochene Zahn schien sie nicht besonders zu stören, denn zehn Jahre lang ließ sie ihn so, wie er war. Bei ihrem Freund Jack Antonoff brachte ihr das den Spitznamen „Dead Tooth" ein. Im Herbst 2023 bemerkten Fans, dass Taylors Lächeln verändert wirkte – sie hat den Eckzahn nun doch reparieren lassen.